DON BOSCO

Liebe Leserin, lieber Leser,

als Käufer dieses Buchs erhalten Sie im Internet kostenloses Zusatzmaterial zum Download. Halten Sie den unten abgedruckten Zugangscode bereit und gehen Sie auf **www.donbosco-medien.de**

Klicken Sie dort auf „Meine Bonus-Seite“ und geben den Code ein.
Sie können nun gratis Ihr Zusatzmaterial herunterladen.

Mit freundlichen Grüßen
Ihr

Don Bosco Verlag

GvxUyORf

Ingrid Gnettner

Schau mal, das haben wir gemacht!

Kreative Gemeinschaftsarbeiten in der Kita

DON BOSCO

Gerne nehmen wir Ihre Anregungen, Wünsche, Kritik oder Fragen entgegen:
Don Bosco Medien GmbH, Sieboldstraße 11, 81669 München
anregungen@donbosco-medien.de
Servicetelefon: (0 89) 4 80 08-341

Bibliografische Information der Deutschen Nationalbibliothek
Die Deutsche Nationalbibliothek verzeichnet diese Publikation in der Deutschen Nationalbibliografie; detaillierte bibliografische Daten sind im Internet über http://dnb.d-nb.de abrufbar.

1. Auflage 2013 / ISBN 978-3-7698-1979-3

www.donbosco-medien.de
Umschlag und Umschlagfoto: ReclameBüro, München
Fotos: Ingrid Gnettner, Kaufering
Illustration: Nadine Bougie, Viersen
Satz: Don Bosco Medien GmbH, München
Druck: Don Bosco Druck & Design, Ensdorf

Gedruckt auf umweltfreundlichem Papier

Inhalt

52 Gemeinsam kreativ sein – mit unterschiedlichem Material

Zum Anfang

Kreatives Gestalten mit Kindern – gemeinsam!

Mal- und Bastelbücher gibt es „wie Sand am Meer“. Auf dem Markt der pädagogischen Praxis wird eine Fülle von kreativen Ideen angeboten: Themenvorschläge, Materialbeispiele und genaue Anleitungen für den Ungeübten. Damit sollen im Kindergartenalltag Feinmotorik, der richtige Umgang mit Material und Werkzeug sowie Phantasie und Lust am Experimentieren gefördert werden – vorausgesetzt, man stellt das leider immer noch beliebte Arbeiten mit Schablonen in den Hintergrund.

Kreatives Arbeiten bietet aber viel mehr. Es berührt alle Bereiche, die wir im Umgang mit Kindern fördern wollen. Bisher habe ich noch kein einziges Buch im Bereich „Malen und Basteln“ entdeckt, das den Schwerpunkt auf Gemeinschaftsarbeiten legt und damit die in einer Gruppe so wichtigen Bereiche der emotionalen und sozialen Entwicklung in besonderer Weise anspricht.

Was für ein großes und spannendes Lernfeld im sozialen Miteinander erschließt sich uns, wenn wir gemeinsam kreativ sind und nicht jeder nur für sich arbeitet, oft mit dem Ziel, die beste individuelle Leistung im Vergleich mit anderen zu erbringen, das „schönste Bild von allen“ zu produzieren!

Im Sinne einer ganzheitlichen Erziehung können wir den Reichtum unserer Gemeinschaft auch im schöpferischen Bereich nutzen – zur Freude aller und für die Entwicklung der Kinder zu gemeinschaftsfähigen Persönlichkeiten.

So möchte ich Sie mit diesem Buch anregen, mit den Kindern zusammen ganz außergewöhnliche, vielseitige und abwechslungsreiche Werke zu schaffen und dabei ein *Wir*-Gefühl zu erleben. Ich möchte in Ihnen die Lust auf neue Erfahrungen wecken, auf Entdeckungen und nicht festgelegte Ergebnisse.

Ich lade Sie ein, die Ideen dieses Buches aufzugreifen und zu verändern, gemeinsam eigene Ideen zu entwickeln und den Kindern viel Freiraum im Miteinander zu ermöglichen.

Soft Skills – unverzichtbare Fähigkeiten im Alltag und für ein Miteinander

Dass neben messbaren Leistungen und Fähigkeiten auch die so genannten Soft Skills („weichen" Fähigkeiten) in einer Gemeinschaft große Bedeutung haben, wird immer öfter erkannt. Wie sollte unsere Gesellschaft ohne soziales Miteinander existieren, ohne Toleranz und Offenheit für den Anderen, Solidarität, Geduld und Rücksicht, die Fähigkeit und Bereitschaft zu Kommunikation und Kooperation!
Wer nur an seiner Leistung gemessen und nur über Erfolge definiert wird, kann kein gesundes Selbstwertgefühl entwickeln, und das braucht jeder Mensch, um ein glückliches und erfülltes Leben führen zu können. Dieses vertrauensvolle Gefühl bekommt man nur, wenn man nicht allein über seine erbrachte Leistung definiert wird, sondern als Persönlichkeit geachtet und akzeptiert wird. Gute soziale Beziehungen entstehen nur, wenn wir nicht nur im Vergleich mit anderen konkurrieren, sondern auch miteinander und füreinander arbeiten.
Die eigene Persönlichkeit in einen möglichst sinnvollen, effektiven und zufrieden stellenden Zusammenhang mit der Gruppe zu bringen – vielleicht ist das der Grundgedanke eines erfolgreichen Teams im Kleinen und Großen und damit auch die Grundlage einer wirklich funktionierenden und friedlichen Gesellschaft.

Auch Kinder können ein Team sein

Wer kleine Kinder beobachtet, erlebt, mit welcher Konzentration und Ausdauer schon die Kleinsten durch Nachahmung, Experimentieren (Versuch und Irrtum), ständige Wiederholung und lange Übung Fähigkeiten entwickeln. „Spielen“ ist hier gleichbedeutend mit „Lernen“ und sollte nicht gering geschätzt werden, wie es manche Erwachsene tun.

Gerade in den ersten Jahren ist viel Freiraum nötig, damit das Kind sich individuell und selbstständig entwickeln kann. Eine Förderung, die zu sehr nach Programm abläuft, grenzt diese Entwicklungsmöglichkeiten ein.

Genauso wenig dürfen bei intensiver Einzelförderung die sozialen Lernmöglichkeiten in der Gruppe vernachlässigt werden. Der Kindergarten ist oft die erste größere beständige Gruppe außerhalb der Familie, in der Regeln gelernt und neue Strukturen erlebt werden. Er bietet vielfältige Möglichkeiten, Erfahrungen im Umgang mit anderen Menschen zu machen – mit Gleichaltrigen, Jüngeren, Älteren und Erwachsenen. Dabei bestimmen positive Erlebnisse den Alltag ebenso wie Frustrationen. Je einfühlsamer die Erwachsenen den Kleinen auf ihrem Weg zur Seite stehen, umso besser können sich die Kinder später in die jeweilige Gruppe, in die sie hineinwachsen, einordnen und einbringen.

Kinder, die gemeinsam mit Holzklötzen gestalten oder die Eisenbahnschienen aufbauen und damit spielen, sind ein Team. Jeder hat seine eigenen Ideen, die oft im Gegensatz zu anderen Vorstellungen stehen. Das Material muss geteilt werden, ein gemeinsames Bauwerk wird geplant und in Absprache mit den anderen errichtet. „Einzelkämpfer“ machen sich hier schnell unbeliebt.

Für Kinder ist der Abschied von der egozentrischen Sichtweise (und dem daraus resultierenden Verhalten, das in den ersten Jahren durchaus angemessen ist), gar nicht so einfach. Eigene Wünsche zurückzustellen, die Bedürfnisse eines anderen zu akzeptieren, Rücksicht zu nehmen, zu warten, die Arbeit des anderen zu achten und nicht zu zerstören – das sind Aufgaben, die die Kleinen mit viel Mühe bewältigen. Es ist ein Lernprozess, der durch Erwachsene als Vorbild und durch ihre Unterstützung begleitet werden muss.

Der Alltag im Kindergarten steckt voller sozialer Übungsmöglichkeiten, ob beim Freispiel, beim gemeinsamen Spielen und Singen, bei Gesprächskreisen, bei gezielten Angeboten in Kleingruppen, aber auch bei Ausflügen und Festen.
Auch den kreativen Bereich sollten wir hierbei nützen. Wie viel Spaß kann die Vielfalt individueller Einfälle machen, wenn wir sie in einem großen Kunstwerk verbinden!
Vielleicht braucht es eine Weile, bis jeder die Andersartigkeit (Jeder Andere ist anders als ich!) aushalten und mit ihr umgehen kann. Aber es lohnt sich, sie kreativ einzusetzen!

Zusammen etwas malen, kleben oder bauen macht nicht nur Freude, es fördert nicht nur kognitive und feinmotorische Fähigkeiten, sondern auch wichtige soziale Kompetenzen. Und wir erfahren:

Gemeinsam sind wir stark und schaffen Großes!

Gemeinsam arbeiten

Gemeinschaftsarbeiten – ein Lernfeld (nicht nur) für soziale Kompetenzen

Gemeinsam ein großes Bild zu gestalten ist spannend und kann allen **viel Spaß** machen. Wann bekommt man schon einmal Gelegenheit, sich auf einer richtig großen Fläche darzustellen, selbst wenn man diese mit anderen teilen muss? Es ist beeindruckend, wenn eine großformatige Arbeit beinahe eine ganze Wand füllt und die Betrachter in Erstaunen versetzt und bewundernde Blicke hervorruft. Auch die kleinen Künstler selbst finden es erstaunlich, was da entstanden ist, sie stehen oft lange davor, wechseln den Blickwinkel und entdecken ständig Neues. Das Bild ist dabei meist **Grundlage für Gespräche**, die manchmal weit über das eigentliche Thema hinausgehen und ist bisweilen Ausgangspunkt für neue Gestaltungen und Spielideen.

Auch wenn die Arbeit auf einer großen Fläche, wie wir sie zu einem Gemeinschaftsbild brauchen, kein „grenzenloses“ Vergnügen ist, steht uns doch viel mehr Platz als sonst zur Verfügung. Wir können mit Schwung arbeiten, was auf kleinformatigem Papier nie wirklich möglich ist. Wir stehen und bewegen uns beim Malen, denn auf einem Stuhl sitzend erreichen wir nur einen sehr eingeschränkten Bereich des Blattes. Wir strecken uns oder knien auf dem Boden, wir bewegen uns nicht im eng gesteckten Rahmen eines kleinen Blattes. Wir können im Material schwelgen, was nichts mit Verschwendung zu tun hat, sondern mit Lust am Tun. Wir können große Pinsel einsetzen oder die Farbe und den Kleister mit beiden Händen über die Fläche reiben. Berührungen mit unserem Nachbarn bleiben da nicht aus. Es ist ein wunderbares sinnliches Vergnügen, sich mit den farbverschmierten Fingern gegenseitig über die Hände zu streichen oder „Hand in Hand“ bunte Bahnen zu malen.

Wenn die Kinder keine Berührungsängste haben, weder mit anderen noch mit glitschiger Farbe, können wir uns an ein großes „Durcheinanderbild" wagen, das zum Schluss wahrscheinlich weniger „künstlerisch wertvoll" ist, da im wesentlichen genussvoll gematscht, gepatscht und geschmiert und nicht so sehr bewusst gestaltet wird, aber einen hoch motivierten Maltag mit purer Lebensfreude garantiert.
Beim Arbeiten auf einer großzügigen Fläche erleben die Kinder gestaltend eine Räumlichkeit, die ihnen sonst im feinmotorischen Bereich nicht oft geboten wird. Und schließlich werden auch die Lernmöglichkeiten im Bereich Materialerfahrung und Begriffsbildung erweitert und sind dabei eingebunden in bewegtes Arbeiten und Freude am Schaffen.

Gemeinschaftsarbeiten stellen an Kinder viele Anforderungen, die bei Einzelarbeiten nicht oder nicht in dem Maße gegeben sind. Dabei wird nicht nur Freude am Miteinander geweckt, es werden auch viele soziale Kompetenzen gefördert. In kleinen Schritten gelangen die Kinder so zu einer Teamfähigkeit, die sie auch später als Erwachsene mehr denn je brauchen.
Sie müssen **teilen** (Fläche und Material). Je kleiner der Untergrund ist, der zusammen bemalt wird, umso mehr muss sich das einzelne Kind beschränken. Für manche ist das ein leidvoller, aber auch sehr sinnvoller Lernprozess. Wer zu Hause nie teilen musste und von den Erwachsenen „grenzenlos" verwöhnt wurde, dem fällt es sicher schwer, sich in einer Gruppe von Kindern, die ähnliche Bedürfnisse haben, zurechtzufinden. Der Erwachsene kann behutsam gegensteuern gegen das „Alles meins", gegen Egoismus und Grenzenlosigkeit. Geht er jedoch rigoros, mit Druck und ohne Verständnis für das jeweilige Kind dabei vor, wird er das soziale Verhalten, das er erwartet, im Kind nicht fördern können. Kinder brauchen Begleitung statt Zwang, sie müssen in ihren Bedürfnissen ernst genommen und allmählich für das Leben in der Gemeinschaft gestärkt werden.
Sie müssen **warten**, bis der Arbeitsplatz für sie frei ist. Wenn Kinder lernen, Geduld einzuüben und eigene Wünsche zurückzustellen, kann eine Zeit des War-

tens auch als Zeit der Ruhe erlebt werden, aus der bisweilen neue kreative Ideen entstehen.
Gleichzeitig werden sie immer wieder aufgefordert sich **abzugrenzen** und zu **behaupten**. Dass meine Freiheit dort aufhört, wo die Freiheit des anderen beginnt, erleben wir auch beim gemeinsamen Gestalten. Wie in allen Bereichen des menschlichen Lebens, in denen wir in Kontakt zu anderen treten, geht es einerseits um Selbstbehauptung, andererseits aber auch um Akzeptanz des anderen. Lernen Kinder ganz praktisch, auf einem Bogen Papier beispielsweise, dass jeder ein Recht auf seinen Platz hat, dass dieser Raum Grenzen hat, die nur überschritten werden dürfen, wenn es der andere erlaubt, fällt es ihnen vielleicht auch in anderen Bereichen leichter, ihr Gegenüber zu respektieren.
Bei manchen Arbeiten sind die Kinder angewiesen auf die **Hilfe** anderer. Vor allem Größere sind oft stolz auf diese verantwortungsvolle Aufgabe, und Kleinere genießen diese Partnerschaft, bei der sie Unterstützung bekommen durch jemanden, der „schon so viel kann“. Die größeren Kinder schneiden aus Tonpapier Luftballons für unser Faschingsbild aus, die Kleinen bemalen sie zusätzlich oder kleben bunte Schnipsel darauf. Die Kleineren malen mit Fingerfarben eine grüne Wiese, die Größeren schneiden Blumen aus und malen Schmetterlinge.
Der Wunsch, diesem Vorbild der Größeren nachzueifern, kann unter Umständen mehr **Lernmotivation** wecken als jede Bemühung eines Erwachsenen.
In unserer Gruppe gibt es wie überall auch gleichaltrige Kinder mit verschiedenen Fähigkeiten. Nicht nur das Alter, auch die Erfahrungen von zu Hause her bewirken eine unterschiedliche Entwicklung. Dazu kommen persönliche Vorlieben oder auch Abneigungen. Manche schneiden mit Begeisterung aus, andere malen gern. In einer Gemeinschaftsarbeit kann man diese Dinge wunderbar verbinden: jeder bringt das ein, was er kann und will.
Außerdem ist ein großes Gemeinschaftsbild viel zu umfangreich, dass man es alleine bewältigen könnte. Wirklich „Großes“, erst einmal im räumlichen Sinn, schaffen Kinder, wenn sie gemeinsam arbeiten. Dem Einzelnen fehlt oft die Ausdauer, ein großformatiges Werk alleine zu gestalten und bisweilen auch die Kraft: zum Beispiel, wenn eine Skulptur aus Holz gebaut werden soll.

Der Stolz der Kinder ist nicht geringer, wenn sie sagen: „Schau mal, das haben wir gemacht!“ statt „Das ist meins!“. Meist spüren die Kinder, wie wertvoll das Geschaffene durch die Vielfalt der Ideen und Arbeitsweisen wird. Mit einem noch so kleinen Beitrag an einem großen Werk beteiligt zu sein, ist wunderbar!
Wenn wir Gemeinschaft nicht nur täglich erleben, sondern auch durch Gemeinschaftsarbeiten dokumentieren, wird sie uns noch deutlicher bewusst und auch nach außen darstellbar. Jeder bringt sich mit seinen Ideen und Fähigkeiten ein, und seine „eigene Handschrift“, seine Besonderheit und Einmaligkeit, ist im großen Ganzen erkennbar.
Nicht immer einfach ist es für Kinder, **den anderen gelten zu lassen**. Auch diese Fähigkeit muss erst gelernt werden. „Ich bin als Erster fertig!“ (was so viel heißt wie: „Ich bin der Sieger!“), „Mein Bild ist schöner!“, „Der da malt ja nur Kritzekratze!“ sind oft gehörte Aussprüche. Wäre es nicht schade und schrecklich eintönig, wenn alle Bildteile gleich „schön“ wären? Bunte, unbefangene, kräftige und sehr spontane, weil noch nicht bewusst gesteuerte Malereien von kleinen Kindern lockern eine große Gestaltung immer wieder auf. Die schönsten Wiesen malen bei uns die Kleinsten, die ihre Wachskreiden in der Faust halten und mit vollem Körpereinsatz im Grün schwelgen, ohne – wie die Größeren – auf die einzelnen Grashalme zu achten, die dann oft in Reih und Glied stehen.
Auf unserer gestalteten Blumenwiese finden wir seltsame neue Pflanzen, die vielleicht auf den ersten Blick nicht als Blumen zu erkennen sind, aber doch in der Vorstellung des kleinen Künstlers als solche gemeint waren. Haben sie deshalb keine Existenzberechtigung? Kinder sollten immer Erfinder und Entdecker bleiben – Neues (das belegt auch die Kunstgeschichte!) ist immer anders und mag uns am Anfang verwirren, bis wir uns daran gewöhnt haben.
Gemeinschaft bedeutet nicht Uniformität, sondern **Nebeneinander von akzeptierter Verschiedenheit**. Es darf durchaus verglichen werden, aber die Vergleiche sehen anders aus, da das ganze Werk als gelungen erlebt wird und nicht nur einzelne Teile. Sie bewegen sich meist auf einer sachlichen Ebene: „Meins ist groß, deins ist klein!“, „Meins ist eckig, deins ist rund!“, „Sein Luftballon ist grün, ihrer rot!“, „Meine Wolke fliegt über deiner!“ usw. Es ist die Aufgabe des Erwachsenen,

hier zu unterstützen und den Lernprozess bei den Kindern zu fördern, damit nicht Arroganz und Geringschätzung in den Vordergrund treten, sondern Differenzierung und Individualität. Aus Abgrenzung sollte nie Ausgrenzung entstehen und aus dem Vergleich nie Abwertung. Wir brauchen Verschiedenartigkeit für einen bunten und lebendigen Alltag – und natürlich auch für ein großes Bild!
Schwächere und Außenseiter können bei Gemeinschaftsarbeiten besonders gut **integriert werden**. Der Erwachsene kann hier bewusst und behutsam steuern, indem er die Arbeitsplätze so verteilt, dass auch Kinder, die normalerweise sagen würden: „Neben dem will ich nicht sitzen!“, ein „unbeliebtes“ Kind neben sich aushalten müssen und dabei durchaus positive Erfahrungen machen können. Auch bei der Frage: „Wer fängt an?“ oder „Wer darf die (zentrale und damit wichtige) Mitte gestalten?“ hat der Erwachsene gerade bei kleineren Kindern, die noch nicht eigenverantwortlich ein Projekt gestalten können, die Möglichkeit, Einfluss zu nehmen und Kinder zu bevorzugen, die sonst eher benachteiligt werden.
Feinmotorisch nicht so geschickte Kinder können ebenso eingebunden werden wie die „Stillen“, die sich nie in den Vordergrund drängen. Gruppenprozesse können gelenkt und die Gemeinschaft gestärkt werden, indem nicht nur das Potenzial der selbstbewussten und kreativen Kinder genützt wird, sondern gerade die Schwächeren gefördert werden.
Eine wichtige Erfahrung, die anfangs durchaus schmerzhaft sein kann, machen Kinder wie Erwachsene, wenn sie bei Gemeinschaftsarbeiten **loslassen** müssen. Manchen Kindern fällt es schwer, sich von „ihrem“ Werk zu trennen. Sie würden es am liebsten gleich, wenn es fertig ist, mit nach Hause nehmen und überlassen es nur ungern dem Kindergarten, auch wenn es dort aufgehängt wird. Sie können es zwar den Eltern zeigen, darauf stolz sein, sie können es aber weder verschenken noch selbst besitzen. Dieser Verzicht fällt gerade am Anfang schwer.
Ganz abgesehen davon, dass man manches Gemeinschaftsbild später auseinander schneiden und den jeweiligen Teil dem einzelnen Kind mit geben kann, lernen unsere Kinder auch mit der Zeit, dass es schön sein kann, wenn ein Gemeinschaftswerk eine Weile von allen Eltern bewundert wird und die kleinen Künstler sagen können: „Das da hab ich gemacht, und das ist von Paul, und das da oben

von Sophie, und das neben meinem von Philipp." Außerdem wird der Raum, in dem wir zusammen viele Tage verbringen, schöner, und wir freuen uns alle lange Zeit über unser Werk.

Auch der Erwachsene muss lernen loszulassen, wenn er wirklich kreativ mit den Kindern arbeiten will. Er muss sich immer wieder von eigenen Vorstellungen verabschieden und den Kindern mehr Freiraum zugestehen, als er sich während seiner Planung gedacht hatte. Als Grundsatz gilt fast immer beim kreativen Arbeiten: Es gibt kein „falsch", sondern nur ein „anders"! Gemeinschaftsarbeiten können unglaublich phantasievoll werden, wenn der Erwachsene zulässt, dass sich die Gestaltung in eine andere Richtung entwickelt als er es vorgesehen hatte. Wie wertvoll sind dabei Eigeninitiative und Phantasie der Kinder! Die Aufgabe des Erwachsenen besteht manchmal neben der Bereitstellung von Raum, Material und Zeit vielleicht nur noch darin, die Gruppe zu begleiten und nicht zu führen und zu dirigieren, die Rechte der nicht so durchsetzungsfähigen Kinder im Auge zu behalten und den Überblick nicht zu verlieren, damit das Projekt nicht „ausufert".

Der Erwachsene selbst bekommt in diesem kreativen Arbeiten mit Kindern die Chance, sich von Einengungen, die jeder mit den Jahren – bewusst oder unbewusst – erfährt, zumindest teilweise zu befreien. Er kann durch die Hilfe der Kinder eine neue, lebendige Kreativität bei sich entwickeln, die sich von alten Mustern befreit und ausgetretene Wege verlässt.

Offenheit für ungewöhnliche Lösungen kann in diesem Fall sehr hilfreich sein, ein Bild sogar bereichern und Zufriedenheit bei allen bewirken. Ich erinnere mich an die Geschichte mit der Giraffe, die eigentlich ein Schaf werden sollte.

Als wir gemeinsam ein großes Blatt nach dem Bilderbuch „Das schwarze Schaf" gestalten wollten, sollte jedes Kind ein Schäfchen malen oder mit Wolle kleben. Es durften ruhig mehrere braune oder schwarze Schafe sein, so eng sollte man das nicht sehen. Eines der Kinder war einfach nicht von diesen Tieren zu begeistern. Eine gelbe Giraffe wollte es malen! Ich versuchte ihm zu erklären, dass in dem Buch doch gar keine Giraffe vorkäme und wandte mich einem andern Kind zu, das mich um Hilfe gebeten hatte. In diesem Augenblick war der Finger des

Jungen schon in der gelben Farbe gelandet, und als ich mich wieder umdrehte, konnte ich ein leuchtend gelbes Tier mit einem langen Hals erkennen.
Kein anderes Kind beschwerte sich. Sollte ich ärgerlich sein? Das half sicher niemandem. Und weshalb überhaupt sollte ich mich ärgern, wenn sich Andreas wirklich Mühe gegeben hatte mit seinem Bild?
Wir einigten uns darauf, dass wahrscheinlich ein Zoo in der Nähe war (das stand zwar nicht im Buch), und die Giraffe war ausgebrochen und hatte die Schafe auf der Wiese besucht. Alle waren zufrieden mit dieser Erklärung, und unser wirklich schönes Bild schmückte lange die Wand unseres Gruppenzimmers.

Wir sollten den Kindern viele Freiheiten gewähren, damit sie eigene Erfahrungen machen und individuelle Ausdrucksweisen entwickeln können.
Nicht jede Gruppe ist allerdings selbständig genug, um diese Freiräume gut zu nützen. Der Lernprozess bei diesen Arbeiten erstreckt sich für die Kinder nicht nur auf den Umgang mit dem Material und die Umsetzung eines Themas. Sie brauchen die Begleitung eines Erwachsenen, der einfühlsam auf die Bedürfnisse der Kinder reagiert – und offen genug sein sollte für alle Lernmöglichkeiten, die die Kinder auch ihm bieten!

Auf dem Weg zu einem Gemeinschaftsbild

Gemeinschaft kann nicht erzwungen werden – Gemeinschaft sollte immer ein Angebot sein. Wie bei anderen Bereichen des Lernens sollte auch hier das Prinzip der Freiwilligkeit gelten. Die meisten Kinder lassen sich aber schnell motivieren von einem Erwachsenen, der selbst begeistert ist und gleichzeitig die Kinder ernst nimmt in ihren Wünschen und Bedürfnissen.

Am Schönsten ist es sicher, wenn wir die Idee für ein Gemeinschaftsbild gemeinsam mit den Kindern entwickeln. Wer aufmerksam den Alltag erlebt, findet reichlich Themen: beim Blick aus dem Fenster, egal, ob wir auf eine Straße schauen oder in die Natur, bei einem Spaziergang oder Ausflug, beim Betrachten von Bilderbüchern, beim Erzählen. Aus dem Jahreslauf ergeben sich ebenso Anregungen wie aus den Interessen der Kinder oder besonderen Ereignissen. Hat man erst einmal mit dem Gestalten von Gemeinschaftsarbeiten begonnen, wachsen immer neue Ideen für lebendige *Wir*- Bilder und *Unser*-Werke!

Gibt der Erwachsene Themen vor, sollten sie auf jeden Fall den Erfahrungsraum der Kinder berühren. Kann er die Kinder dafür begeistern und sie später auch, selbst begeistert von deren Arbeit, begleiten, werden sie sich gern einer Idee anschließen und sie dann vermutlich variieren und erweitern.

Je verschiedener bei gleichem Thema die Gestaltungen sind, umso eigenständiger sind die einzelnen Arbeiten und umso schöner ist das Gesamtwerk. Wie langweilig ist eine Reihe von Darstellungen, bei denen die Unterschiede gesucht werden müssen – oder schlimmer noch: die Einheitlichkeit bewusst betont wird, weil der Erwachsene darauf Wert legt und vielleicht sogar selbst noch „nacharbeitet“, um diese Uniformität zu gewährleisten! Wenn die Kinder das, was sie gemacht haben, nicht mehr als ihr Eigenes erkennen, weil es dem der anderen zu ähnlich ist, sind sie dabei, einen Teil ihrer individuellen Kreativität zu verlieren.

So phantasievoll wie ein Kind kann wohl kein Erwachsener zeichnen und malen. Fernab jeder Perfektion, jeder Geradlinigkeit und Orientierung an der objektiven Wirklichkeit entstehen einmalige Werke, die einen Erwachsenen staunen lassen – wenn er es schafft, sich auf die Ebene der Kinder zu begeben und nicht die Maßstäbe einer in vielen Bereichen genormten Gesellschaft ansetzt.
Gerade in Gemeinschaftsbildern kann die wunderbare Vielfalt, die sich aus den einzelnen Persönlichkeiten ergibt, als großes Ganzes erlebt werden, das sich aus Ergänzung, Verschiedenartigkeit, sogar Widersprüchlichkeit lebendig zusammensetzt.

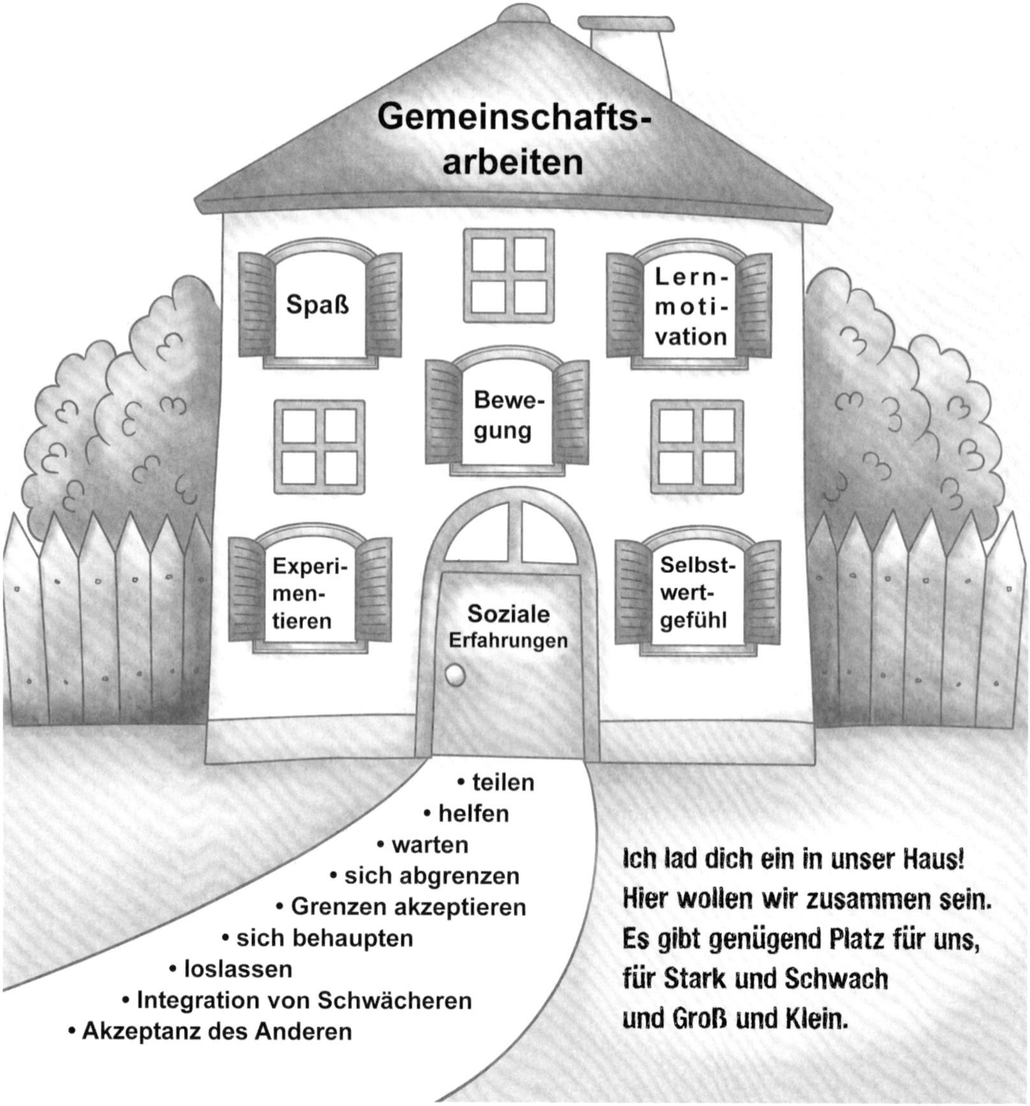
Gemeinschafts-
arbeiten
Spaß
Lern-
moti-
vation
Bewe-
gung
Experi-
men-
tieren
Soziale
Erfahrungen
Selbst-
wert-
gefühl
• teilen
• helfen
• warten
• sich abgrenzen
• Grenzen akzeptieren
• sich behaupten
• loslassen
• Integration von Schwächeren
• Akzeptanz des Anderen
Ich lad dich ein in unser Haus!
Hier wollen wir zusammen sein.
Es gibt genügend Platz für uns,
für Stark und Schwach
und Groß und Klein.

Zu guter Letzt: Gemeinschaftsarbeiten sind wichtig – aber ...

Beides sollte bei uns seinen Platz haben: gemeinsam Geschaffenes und Erlebtes und ebenso auch das Eigene, der begrenzte Raum, der nur dem Einzelnen zur Verfügung steht, der von den anderen respektiert werden muss und nur dann berührt oder betreten werden darf, wenn der „Besitzer“ das erlaubt. Dieses Eigene kann ein Blatt Papier sein, auf dem ein ganz individuelles, von niemandem beeinflusstes Bild entsteht. Es kann aber auch den Raum bedeuten, in dem das Kind spielt, der Platz am Boden, den es für seine Gestaltung braucht, und das Spielmaterial, das es dafür benötigt.
Neben aller Hinführung zur Gemeinsamkeit und Erziehung zum Teilen ist es genau so wichtig, dass es immer wieder Zeiten gibt, in denen der Einzelne im Vordergrund steht und seine Wünsche ganz besonders berücksichtigt werden. Dabei entwickelt sich ein wichtiger Lernprozess für alle. Das Kind, das alleine spielen will, erlebt, wie wichtig es selbst ist und dass es ernst genommen wird. Es darf sich abgrenzen und sich bewusst in den Mittelpunkt seiner Welt stellen. Die anderen müssen – auch wenn es schwer fällt – akzeptieren, dass ein bestimmtes Spielmaterial, ein Raum, ein Kamerad für eine Zeit nicht erreichbar sind. Sie müssen verzichten, warten oder selbst kreativ werden und nach Alternativen Ausschau halten.

Gemeinschaftsarbeiten können sehr verschieden sein

Gemeinschaft im Alltag

Wenn wir, wie im Kindergarten, die Zeit in einer Gruppe verbringen, geschieht vieles innerhalb dieser Gemeinschaft: zusammen singen, spielen, aufräumen, essen und vieles mehr.
Alle Aktionen, bei denen viele (oder alle) Kinder einer Gruppe beteiligt sind, können zur Gemeinschaftsarbeit werden.
Beim Kochen brauchen wir zum Gemüseschnippeln viele kleine Hände, genau so wie zum Schneiden für Ostsalat oder Apfelkuchen. Bei dieser Küchenarbeit kommt es nicht so sehr auf Genauigkeit an (auch große Stücke sind lecker!), sondern auf den Eifer der Kinder und auf ihre Geschicklichkeit im Umgang mit dem Messer. Ganz nebenbei schmeckt es uns nach getaner Arbeit in der Gemeinschaft noch einmal so gut, und manches Kind hat in unserer Gruppe schon Speisen gegessen, die es zu Hause nicht einmal probiert hätte!
Wenn wir **im Garten** im Sandkasten Landschaften entstehen lassen, helfen wir zusammen und versuchen, die unterschiedlichen Vorstellungen unter einen Hut zu bringen. Haben die Kinder erst einmal erfahren, dass man zu zweit stärker ist als alleine, dass es Ideen gibt, die einem selbst nie einfallen würden, die man aber gut gebrauchen kann – dass eben meist viele Hände mehr schaffen als nur zwei: dann ist gemeinsam arbeiten unkompliziert und für alle sehr befriedigend.

Im Frühling brauchen wir die Hilfe vieler kleiner Leute, wenn Erde in Töpfe geschaufelt werden muss, damit wir Blumen vorziehen können; im Sommer brauchen wir sie vor allem zum Gießen unserer Beete und Kästen; und im Herbst, wenn der Wind wochenlang unseren kleinen Garten mit Blättern übersät, werden große Säcke mit Laub gefüllt.
Im Winter, falls wir genügend Schnee haben, entsteht die größte Schneeburg nur, wenn viele Kinder mit anpacken. Auch für einen großen Schneemann brauchen wir kräftige Helfer, denn wie sonst sollten Bauch und Kopf auf die Bodenkugel gesetzt werden?

Nicht viel Kraft, außer vielleicht bei manchen Holzarbeiten, aber auf jeden Fall Ausdauer und viele gute Einfälle brauchen wir, um mit Papier und Pappe, Natur-, Abfall-, Textilmaterial oder Holz gemeinsam zu arbeiten, so wie es in den Praxisteilen beschrieben ist. Zusammen mit anderen geht das meiste einfacher, schneller und mit mehr Spaß.

Verschiedene Materialien und Techniken

Als Material verwenden wir zum Beispiel:
- verschiedene Papiere und Kartons,
- Stoff und Wolle,
- Holz und Naturmaterial,
- Wachs und viele andere Dinge.

Wir wenden verschiedene Techniken an und können zum Beispiel:
- malen, ausschneiden, knüllen, reißen, kleben und drucken,
- sägen, leimen und nageln, nähen und weben,
- verschiedenes Material auf dem Boden oder dem Tisch zu einem großen Bild legen.

Der Reichtum an Materialien und Techniken ist nahezu unerschöpflich!

Unterschiedliche Aufgabenstellungen

Das Thema (Motiv) ist für alle gleich, die Ausführung dagegen sehr individuell. Jeder gestaltet seinen eigenen Bereich, der später noch klar erkennbar ist.
Beispiele:

- *Blumenwiese*: Jedes Kind gestaltet eine Blume.
- *Laternenzug*: Jeder zeichnet sich selbst als Laternenkind.
- *Stadt*: Sie entsteht aus einzelnen Häusern.

Wir können gleich auf dem großen Blatt arbeiten oder Einzelbilder, die nach dem Malen evtl. zusätzlich ausgeschnitten werden, nachträglich aufkleben.

Die Kinder bearbeiten verschiedene Bereiche.
Beispiele:

- *Apfelbaum*: Wiese, Baumstamm, Blätter, Äpfel werden von verschiedenen Kindern/Kleingruppen gestaltet.
- *Blumenwiese*: Die grüne Wiese wird von einigen Kindern gemalt. Andere malen die Blumen, oder sie kleben vorher gezeichnete Blüten auf. Ein Teil der Kinder gestaltet Schmetterlinge, die über der Wiese fliegen.

Die einzelnen Arbeiten vermischen sich.
Die Gemeinschaftsarbeit wird von einigen Kindern angefangen und von den anderen fortgeführt. Beispiel: freie Collagen wie *Winterbild in Weiß* (Seite 38).

Große und Kleine arbeiten partnerschaftlich zusammen.
Die älteren Kinder zeichnen und schneiden aus, die jüngeren schnipseln, kritzeln und kleben. Beispiel: *Bunte Luftballons*. Die Älteren schneiden die Formen aus, schon die Kleinsten können beim Bemalen und Schnipsel aufkleben helfen.

Gemeinschaftsbilder „grenzenlos“

Sehr viel Offenheit und Akzeptanz wird von den Kindern verlangt, wenn ein anderer in das eigene Bild hineinmalen darf und wenn keine genauen Grenzen gesetzt sind. Eine sehr behutsame Begleitung durch den Erwachsenen ist hierbei nötig. Nicht jedes Kind verkraftet es, wenn sein eigenes Werk ergänzt, erweitert oder verändert wird. Ob eine Gruppe dazu bereit ist, bewusst Grenzen zu überschreiten, muss der Erwachsene genau überlegen.

Beispiele:

- Einige Kinder beginnen auf dem gemeinsamen Blatt mit einer Farbe zu malen, die nächsten Kinder malen mit einer anderen Farbe dazu.
- Einige Kinder malen mit Stiften, die nächsten mit Fingerfarben, wieder andere kleben danach Material dazu.
- Eine große Herausforderung für Kinder ist das Malspiel *Autofahren* – wenn es gelingt, macht es aber großen Spaß! (Seite 56)
- Auch bei *Legebildern* (Seite 114ff.) können Gestaltungen ergänzt oder weitergeführt werden.

Zum Thema Schablonen

Schablonen engen die Phantasie und Freiheit der Kinder massiv ein. Leider ist es vielen Erwachsenen immer noch nicht bewusst, wie sehr sie mit deren Gebrauch die Entwicklung der Kinder behindern und ihnen den Weg zu Selbständigkeit, Kreativität und eigenem Ausdruck verbauen. Schablonen sollten so wenig wie möglich eingesetzt werden und nur dann, wenn trotzdem noch genügend Freiraum für individuelle Ausgestaltung bleibt. Ein Kind, das seine Arbeit unter vielen anderen fast gleichen nicht mehr erkennt, wird wahrscheinlich mit wenig Motivation und Freude die nächste Aufgabe anpacken.

Richtig verwendet sind Schablonen im Einzelfall vertretbar:

- wenn sie nicht vom Erwachsenen zur Verfügung gestellt werden, sondern von den Kindern selbst gezeichnet und ausgeschnitten werden – womit ja schon mehrere unterschiedliche Schablonen entstehen.
- wenn die Kinder selbständig arbeiten, d. h. sie zeichnen mit Hilfe der eigenen Schablone selbst das Motiv aufs Blatt und schneiden es je nach Bedarf auch selbst aus. Es wird dem Können entsprechend zwar auf Sorgfalt Wert gelegt, aber Ziel ist auf keinen Fall eine uniforme Gestaltung. Größere Kinder haben natürlich schon den berechtigten Ehrgeiz, in diesem Fall exakt zu arbeiten. Der Erwachsene sollte unbedingt darauf achten, dass die unterschiedlichen Fähigkeiten der Kinder gleichberechtigt nebeneinander stehen dürfen und nicht zu Leistungsdruck, Konkurrenzdenken und Abwertung führen.
- wenn die Vorlage frei und individuell weiter bearbeitet wird. Dadurch gerät die Grundform in den Hintergrund und ist im Idealfall zum Schluss kaum mehr als Schablone zu erkennen.

Praktische Hinweise und einige Regeln

Bevor mit der eigentlichen Arbeit – dem Gestalten – begonnen wird, sollten der Arbeitsplatz und das Material entsprechend vorbereitet sein, so wie es auch sonst beim Malen, Basteln und Werken üblich ist. Manchmal kann es sinnvoll sein, ein Projekt in Gedanken durchzuspielen, um Schwierigkeiten, die eventuell entstehen könnten, schon im Voraus auszuschalten. Einige Fragen helfen dabei, dass der Start gut gelingen kann:

Wo wollen wir arbeiten?

Für großflächiges Papier muss der Platz besonders gut ausgesucht werden: Reicht der Tisch aus? Sollten wir auf dem Fußboden malen? Oder ist es besser, das Papier an der Wand aufzuhängen, um dann daran zu arbeiten?

Wie viele Kinder können gleichzeitig arbeiten?

Was brauchen wir als Schutz und Abdeckung? An Malerkittel für die Kinder (alte Hemden oder T-Shirts), eine Wachstuchdecke für den Tisch und evtl. auch Abdeckfolie für Boden, Wände oder Möbel sollte unbedingt gedacht werden.

Welches Material brauchen wir? **Welche Hilfsmittel** (z. B. Pinsel, Schälchen für die Farbe, Wasser zum Verdünnen der Farbe, Klebstreifen für das Papier, Mal-Lumpen usw.) sollten bereit liegen?
Bei großflächigem Arbeiten sollte das Papier dicker und fester als sonst sein. Gut geeignet sind zum Beispiel Packpapier oder die Rückseite von großen Plakaten oder alten Landkarten. Vor allem wenn mit Fingerfarben oder Kleister gearbeitet wird, weichen diese starken Papiere nicht so leicht durch, und die Kinder können ausgiebig reiben, patschen und experimentieren. Will man auf farbigem Hintergrund arbeiten, kann Fotokarton auf die entsprechende Größe zusammengeklebt werden. Große Bilder können auch als Wandfries gestaltet werden. Die Rückseiten von Tapetenbahnen eignen sich gut dafür. Manchmal ist ja eher Platz zum Aufhängen in einem langen Gang als im Gruppenzimmer.
Je größer die Malfläche, umso besser muss sie natürlich auf dem Untergrund befestigt werden. Auf Tisch oder Boden eignet sich dazu besonders gut Kreppband. Es lässt sich später gut vom Papier entfernen, ohne es zu beschädigen. Zum Anbringen an der Wand verwenden wir – je nach Gewicht des Papiers – eventuell Nägel.
Als Farben eignen sich vor allem Wasser-, Finger-, Gouache-, Plakafarben, Holzstifte und Wachsmalkreiden.

Soll unsere Gemeinschaftsarbeit eine dauerhafte Wandgestaltung werden?
Dann wird am Besten auf einer Sperrholzplatte gearbeitet. Bemalte Leisten werden als Rahmen darum genagelt.

Ist **genügend Platz** da für die Farben, für Kleber, Schnipsel oder was man sonst noch braucht? Ist alles für die Kinder gut erreichbar?

Sollte ein Teil des Blattes abgedeckt werden, schon bemalte Teile oder Stellen, die für Kinder, die später noch malen, freigehalten werden sollen?

Auch bei Gemeinschaftsarbeiten gelten natürlich die **üblichen Regeln**, die die Kinder meist kennen, aber nicht unbedingt immer einhalten:

- Mit dem Material wird achtsam umgegangen.
- Gearbeitet/gemalt usw. wird nur auf der Arbeitsfläche. Weder Boden noch Möbel oder andere Kinder werden angemalt usw.
- Wir nehmen wie auch sonst im Alltag Rücksicht auf andere.
- Als Hauptregel gilt für alle hier besonders: Mein Platz endet dort, wo der Platz des anderen anfängt. Niemand malt/klebt in den Bereich eines anderen hinein oder stört die anderen bei der Arbeit.

Regeln für das Arbeiten mit Holz

Die strengen Regeln, die hier aus Sicherheitsgründen gelten müssen, werden nach kurzer „Eingewöhnungsphase“ meist problemlos eingehalten.

Für den Handwerker

- Während der Arbeit ist er konzentriert bei der Sache – auch mit den Augen! Sich nicht ablenken zu lassen ist am Anfang schwer – mit der Zeit lernen die Kinder aber, dass diese Arbeit ihre ganze Aufmerksamkeit braucht! Auch Eigenverantwortung zum Schutz vor Verletzungen ist hier angesagt.
- Das Werkzeug ist nur zum Arbeiten da. Sorgsamer und zweckmäßiger Umgang sind selbstverständlich. Mit dem Werkzeug wird nicht herumgelaufen. Nach der Arbeit wird es auf den Werktisch oder in die Werkzeugkiste gelegt.

Für die Zuschauer

- Der Werktisch ist der Bereich des Handwerkers. Also: Hände weg für alle anderen! Das ist nicht immer leicht, denn bei uns warten viele ungeduldig, bis sie endlich an der Reihe sind. Eine „Zuschauerbank" ist dabei sehr hilfreich.
- Ein „Helfer" kann eventuell den Handwerker unterstützen, zum Beispiel wenn eine Latte beim Sägen zusätzlich festgehalten werden muss.
- Vom Werktisch ist genügend Abstand zu halten, damit der Arbeitende ausreichend Platz hat.
- Das Kind, das gerade arbeitet, darf nicht gestört und abgelenkt werden. Auf keinen Fall darf um den Werktisch gelaufen werden!

Für den Erwachsenen

- Er sorgt für gutes und funktionelles Werkzeug. Eine stumpfe Säge ist oft gefährlicher als eine scharfe!
- Das Holz muss für Kinder leicht zu bearbeiten sein. Fichtenholz eignet sich besonders gut, aber auch frische Zweige, zum Beispiel Haselstöcke. Zu hartes Material bringt keine Erfolgserlebnisse und entmutigt!
- Werkstücke müssen immer gut mit Schraubstock oder Zwingen befestigt werden. Das erhöht die Sicherheit und erleichtert die Arbeit.
- In der Regel sollte der Erwachsene die Kinder beim Arbeiten stets beaufsichtigen. Ausnahme: Zwei bis drei Kinder mit Erfahrung und Verantwortungsbewusstsein können nach Ermessen des Erwachsenen selbständig und allein in der Werkstatt arbeiten – dann aber ungestört und ohne Zuschauer.

Gemeinsam durch das Jahr

Auf den folgenden Seiten finden Sie Anregungen für jeden Monat des Jahres: Bilder, Skulpturen, Textilarbeiten und anderes. Eine Vielzahl von Material und Techniken wird dabei verwendet.
Sinnvoll ist es, erst das Kapitel „Praktische Hinweise und einige Regeln“ durchzulesen, bevor Sie mit der Arbeit beginnen.
Wenn ich im jeweiligen Abschnitt „Das brauchen wir“ in der Materialliste von „großem Papier“ spreche, kann je nach Platz und Lust sowohl Fotokarton (50 x 70 cm) als auch großformatiges Packpapier oder ähnliches festes Papier verwendet werden, wie in den Hinweisen erläutert.
Dort werden auch die möglichen Farben angesprochen. Da die Entscheidung über die Auswahl dieses Materials dem Erwachsenen überlassen sein soll, der am Besten weiß, mit welcher Farbe „seine“ Kinder am liebsten malen oder welche gerade zur Verfügung stehen, schreibe ich bewusst in der Materialliste meist nur „Farbe“.
Im Abschnitt „Das machen wir“ sind die Vorschläge ausführlich beschrieben. Das soll aber keinesfalls festlegen, sondern die Grundlage sein für eigenes und individuelles, von den Kindern angeregtes Gestalten.

Die meisten Themen können natürlich auch zu anderen Zeiten des Jahres bearbeitet werden und sind nicht unbedingt an den Monat gebunden. Abwandlungen, dem jeweiligen Anlass entsprechend, sind jederzeit möglich.
Da unser Kindergartenjahr im September anfängt, sollen auch die Jahresideen in diesem Buch im Herbst beginnen.

September: Kinder unterm Regenbogen

Wenn im September neue Kinder in unseren Kindergarten kommen, verändert sich vieles: alte Gruppenstrukturen lösen sich auf, unsere Großen sind nicht mehr da, sie haben den wichtigen Schritt vom Vorschulkind zum Schulkind geschafft. Andere rücken an ihre Stelle, bekommen neue Aufgaben und finden sich in ungewohnten Rollen. Manche der Kleinen machen erste Gruppen-Erfahrungen, erleben den schmerzhaften Abschied von der Familie, sind aber meist auch voller Stolz und Neugier.

Es dauert eine ganze Weile, bis jeder seinen Platz in unserer Gruppe gefunden hat. Mit einem Gemeinschaftsbild können wir schon in der ersten Zeit die Spannung zwischen Einzelperson und Gruppe ausdrücken. Wobei mit Spannung nicht in erster Linie Konfrontation und Problematik gemeint ist, sondern Polarität und Lebendigkeit.

Unter einem Regenbogen ist Platz für uns alle, und er ist ein Hoffnungszeichen für das Wachsen unserer guten Gemeinschaft.

Das brauchen wir:

- großes Papier
- Farben und Pinsel
- Zeichenstifte

Das machen wir:

Ein Erwachsener zeichnet die Konturen eines breiten Regenbogens am oberen Teil des Blattes auf, da für Kinder der große Bogen mit den kleinen Armen selten zu bewältigen ist. Einige Kinder malen die Flächen mit den entsprechenden Farbtönen aus.

Unter den Regenbogen zeichnet jeder, der will, sich selbst. Natürlich ist – je nach Größe des Papiers – auch Freiraum für Blumen, Bäume, Schmetterlinge, Vögel, Häuser, Autos ...

Oktober: Leuchtender Herbst

In vielen Kindergärten werden neben den Wänden auch die Fenster als zusätzliche Malfläche oder Ausstellungsmöglichkeit genützt, wo die Arbeiten der Kinder nach außen sichtbar aufgehängt werden. Von weitem schon ist so ein Kindergarten erkennbar – manchmal leider mit dem Nebeneffekt, dass der Gruppenraum dunkler wird und das Licht eingeschaltet werden muss, wenn es eigentlich gar nicht nötig wäre.

Für uns sind Fenster vor allem zum Hinausschauen da, zum Beobachten des Wetters und der Amseln, die unseren Garten besuchen, und dafür, dass das Tageslicht unsere Räume erhellt.

Es gibt aber – wenn auch selten – Zeiten, in denen wir ein Fenster gestalten. Wenn der Herbst die Blätter bunt färbt, möchten wir dieses Geschenk der Natur nicht nur draußen genießen. Wir holen den leuchtenden Herbst zu uns ins Zimmer.

Das brauchen wir:

- gepresste Blätter in möglichst vielen Farben und Formen
- Tapetenkleister, Pinsel
- ein Fenster als Gestaltungsfläche

Das machen wir:

Die gut getrockneten Blätter werden mit Kleister bestrichen und an den Rand der Fensterscheibe geklebt. Vorsicht beim Anheben der Blätter, damit sie nicht brechen! Sind die Blätter noch nicht wirklich trocken, biegen sie sich nach einer Weile nach oben und lösen sich manchmal sogar vom Fenster.
Jedes Kind klebt einige Blätter seiner Wahl auf die Scheibe, bis ein Rahmen entsteht, der wunderbar leuchtet, wenn die Sonne hindurch scheint.

Variationen

- Die Blätter werden kunterbunt und ungeordnet auf die Scheibe geklebt, als hätte der Herbstwind sie gerade von den Bäumen herüber geweht.
- Mit Fingerfarben wird ein Baumstamm mit Ästen auf die Scheibe gemalt oder alternativ mit Transparentpapier und Kleister geklebt. Die Baumkrone wird mit den Blättern gestaltet, wobei es keine Rolle spielt, dass die Blätter eigentlich von verschiedenen Bäumen stammen.

Tipp

Kleister lässt sich leicht vom Fenster entfernen, er wird einfach mit dem Aufgeklebten zusammen abgezogen. Reste werden mit Wasser entfernt.

November: Fundsachen-Collage

Die meisten Kinder, vorausgesetzt, sie verbringen viel Zeit draußen und in der Natur, sind das ganze Jahr über Finder: Steine, Schneckenhäuser und Stöckchen sind Schätze, die kaum ein Kind achtlos liegen lässt. Erwachsene unter Zeitdruck wissen, wie anstrengend es sein kann, mit einem Kind unterwegs zu sein. Finder und Entdecker brauchen eben viel Zeit!
Besonders reich werden wir alle im Herbst beschenkt, wenn Früchte und Samen reifen und der Wind bunte Blätter von den Bäumen weht.
In dieser Zeit machen wir uns auf die Suche nach Material für unsere Fundsachen-Collage.

Das brauchen wir:

- Als Untergrund: am besten eine Sperrholzplatte (etwa 5 mm stark, z. B. 40 x 40 cm groß), da sie sich nicht verzieht und sich dadurch die aufgeklebten Dinge nicht wieder lösen. Wenn wir wollen, können wir die Platte grün streichen. Es sieht aber genauso schön aus, wenn sie naturfarben bleibt.
- Holzleim und Pinsel
- verschiedene Fundsachen aus der Natur: kleine flache Steine, Blätter und Blüten, Stöckchen und Rinde, Samen, leere Schneckenhäuser, Gräser, aber auch Sand, Erde, Fichtennadeln usw.
- nach Wunsch Leisten und kleine Nägel für einen einfachen Rahmen (der zusätzlich mit grüner Farbe angemalt werden kann)
- Aufhänger

Das machen wir:

Beim Spaziergang während eines Waldtages oder beim aufmerksamen Gang durch den Garten sammeln die Kinder alles, was ihnen gefällt und was zum Aufkleben geeignet ist (möglichst flach, nicht zu groß und nicht zu schwer ist hier die Vorgabe). Auch von zu Hause können Naturdinge mitgebracht werden.

Nach Möglichkeit verwenden wir Dinge, die wir auf dem Boden finden. Werden Blumen und Blätter abgepflückt, versuchen wir, dies achtsam zu tun, um die Pflanze nicht zu verletzen, und sammeln nur das, was wir wirklich brauchen und auch verwenden wollen. Geschützte oder besondere und einzeln stehende Pflanzen lassen wir selbstverständlich stehen!

Zurück im Kindergarten breiten wir unsere Schätze neben der vorbereiteten Sperrholzplatte aus.

Stück für Stück wird der Untergrund mit Holzleim (Ponal) bestrichen und das gesammelte Material aufgeklebt. Dies kann aus der Mitte heraus geschehen, wo eine besondere Blüte ihren Platz haben kann, ein ungewöhnlich schönes Blatt oder ein flacher, glatter Stein. Auch ein Stern aus Gräsern kann den Mittelpunkt bilden. Wir überlegen, welcher Schatz den „Ehrenplatz“ in der Mitte bekommen soll und dadurch ein Blickfang im fertigen Bild wird.

Manche Kinder kleben die Collage lieber als Landschaft, bei der ein Boden aus Rindenstückchen, Bäume aus Blättern und eine Sonne aus gelben Blüten geklebt werden. Auch ein Mandala, klar gegliedert nach den Vorstellungen der Kinder, sieht schön aus.

In die Zwischenräume unseres Bildes können wir vorsichtig trockene Erde oder Sand streuen, im Frühling auch Blütenstaub, der in manchen Jahren als gelbe Pulverschicht auf dem Wegrand unter den Bäumen zu finden ist.

Nach dem Trocknen des Leims heben wir die Sperrholzplatte vorsichtig an. Wahrscheinlich wird ein Teil der Erde oder des Sandes nach unten rieseln. Haben sich einzelne Teile gelöst, weil vielleicht der Leim schon zu trocken war, kleben wir noch einmal nach.

Perfekt ist unser Bild, wenn wir schmale Holzleisten grün oder braun streichen oder beizen und als einfachen Rahmen um die Platte nageln. Mit einem stabi-

len Aufhänger auf der Rückseite kann unser Natur-Kunst-Werk einen besonderen Platz an der Wand bekommen.
Aufmerksame Betrachter werden eine Zeit lang jeden Tag winzige Veränderungen an unserer Collage entdecken: Blätter heben beim Trocknen ihre Spitzen, Hagebutten verschrumpeln, Blüten und Früchte verändern ihre Farbe.
Trotzdem – oder gerade deswegen – bleibt unsere Collage lange reizvoll.

Variation

Im Rahmen eines Umweltschutzprojekts mit Schwerpunkt Müllvermeidung kann auch eine Collage aus Abfallmaterial entstehen.

Dezember: Sternenhimmel

Die Adventszeit ist für uns auch Sternenzeit. Wir greifen das Symbol der „Hoffnung in dunkler Nacht“ auf, wir singen Sternenlieder, falten und kleben Sterne, die unseren Raum schmücken.
Die Gestaltung unseres „Sternenhimmels“ verbinden wir oft mit einem kleinen Fest, zu dem wir die Eltern oder die Nachbargruppen unseres Kindergartens einladen.

Das brauchen wir:

- dunkelblaues Tuch, etwa 80 x 80 cm, für die Mitte
- dunkelblaue Tücher, etwa 40 x 40 cm, für jedes Kind eines
- große weiße Kerze
- Legematerial in Weiß, Gold, Silber: Dreiecke, Kreise, Streifen aus goldener und silberner Pappe geschnitten, Perlen, mit Gold oder Silber bemalte Kieselsteine, Perlenschnüre, Kordeln usw.
- goldene und silberne Pappscheiben, Durchmesser etwa 8 cm, für jedes Kind eine

- Teelichter
- Glasschälchen, Schwimmkerzen (weiß oder aus Bienenwachs) oder Walnussschiffchen
- farblose Glasmuggelsteine

Das machen wir:

Wir legen das große Tuch als Mitte auf den Boden und stellen darauf die weiße Kerze. Darum breiten die Kinder in einem Kreis ihre Tücher aus.
Jedes Kind legt zuerst eine goldene oder silberne Pappscheibe auf sein Tuch und stellt ein Teelicht darauf. Dann gestaltet es mit Legematerial um diese eigene Mitte sein Bild (siehe auch Kapitel „Legebilder“).
Wenn alle Kinder mit ihrem Werk fertig sind, werden noch einzelne Glasmuggelsteine und die Schälchen mit Schwimmkerzen verteilt.

Im abgedunkelten Raum, wenn nur die Kerzen auf dem Boden brennen, leuchtet und funkelt unser Sternenhimmel.
Er ist die große, eindrucksvolle Mitte für unseren Kreis, wenn wir in der Adventszeit unser Sternenfest feiern – mit Liedern, Gedichten und selbstgebackenen Lebkuchensternen.

Tipp

Wenn nur eine kleine Gruppe von Kindern beteiligt ist, von der wir wissen, dass sie mit viel Achtsamkeit arbeiten kann, verwenden wir auch einmal ein einziges großes Tuch für ein Legebild. Auf einem großen Tuch zu arbeiten ist schwieriger, weil der Stoff leicht verrutscht und dadurch die Gestaltung zerstört werden kann.

Januar: Winterbild in Weiß

Können wir ein Bild nur in Weiß gestalten? Ist es nicht langweilig, uns nur auf diese eine Farbe zu beschränken?
Bei unserer Collage in Weiß werden die Kinder sicher begeistert mitmachen. Schon die Materialsuche ist spannend:
Welche verschiedenen Sorten von weißer Farbe haben wir (Holzstifte, Wachskreiden, Plakafarbe usw.)?
Welche verschiedenen Papiere gibt es in Weiß, und wodurch unterscheiden sie sich? Wir können das nicht nur sehen, sondern auch fühlen und manchmal sogar hören – wenn das Material zum Beispiel besonders knistert.
Welches andere Material gibt es noch in dieser Farbe?

Unser Werk kann auf einem weißen Untergrund entstehen oder auch – als Kontrast – auf Dunkelblau oder Schwarz. Ebenso natürlich auch auf Packpapier oder jeder anderen Fläche, die wir zur Verfügung haben. Eine Idee sollte nie am Material scheitern – Umdenken, Kreativität und Phantasie sind immer gefragt!

Das brauchen wir:

- großes Papier
- weiße Stifte, weiße Farbe und Pinsel
- Kleister oder Bastelleim
- Verschiedene Papiere in Weiß, gerissen, geschnitten oder geknüllt: Schreib- und Zeichenpapier, Glanzpapier, Seiden-, Krepp-, Pergamentpapier, Küchenrolle, Tempo, Klopapier, Servietten, Tapetenreste mit verschiedenen Strukturen
- „Konfetti" aus dem Locher
- Stoff, Mullbinden, Watte, Wolle, Schleifenbänder usw.

Das Material wird über einige Tage in einem Karton gesammelt und ist in dieser Zeit eine regelrechte Schatzkiste zum Schauen, Fühlen, Staunen und Vergleichen!

Das machen wir:

Auf dem großen Blatt zeichnen oder malen die Kinder mit weißen Stiften / weißer Farbe. Selbst auf weißem Untergrund finden es Kinder lustig, mit fast „unsichtbarer" Farbe zu malen, die vielleicht nur durch ihre Struktur auffällt.
Nach dem Trocknen werden nach und nach Teile des Untergrunds mit Kleber bestrichen und mit verschiedenem Material beklebt. Zum Schluss kann auf noch freie Kleberstellen das „Konfetti" gestreut werden, das eventuell etwas angedrückt wird, damit es besser hält. Die überschüssigen Papierteilchen schütteln wir nach dem Trocknen einfach ab.

Variation

Außer Weiß wird auch noch Silber verwendet: Alufolie, Schokoladenpapier, silberfarbene Schleifen und Schnur usw.

Februar: Quatschbild

In der Faschingszeit ist vieles anders als sonst: die Menschen verkleiden und schminken sich (manche tun das allerdings Tag für Tag), sie dürfen Dinge tun, die sonst nicht erlaubt sind, sie verhalten sich lauter, ungehemmter, vielleicht aufdringlicher, obwohl sie das selbst meist als „lustig" bezeichnen. Manchmal allerdings sind sie auch einfach nur lebendiger und weniger den Normen und Zwängen unterworfen als sonst.
Mit meinen Kindern habe ich – Gott sei Dank – meist mehr Freiraum: durch das ganze Jahr hindurch wird bei uns immer wieder getobt und Quatsch gemacht, gelacht und lautstark gelebt – natürlich stets innerhalb der Grenzen, die durch die Bedürfnisse der Kinder und Erwachsenen nach Ruhe und Konzentration, Abstand und Ungestörtheit gesetzt sind.

Die Idee, zu malen, „wie man es normalerweise nicht macht“, hat unsere Kinder in der Faschingszeit begeistert. Wir hatten das große Glück, in diesem Jahr räumlich sehr gut ausgestattet zu sein, so dass wir einen der Räume, ohne uns anderweitig einschränken zu müssen, mehrere Tage lang als Malwerkstatt reservieren konnten. Dadurch entstand über einige Zeit hinweg ein „riesengroßes“ eindrucksvolles Bild.

Richtig viel Platz zu haben, in Farbe zu schwelgen, mit Farbe zu werfen, nicht nur normale Pinsel und Stifte zu verwenden – das gefällt wohl jedem Kind. Wir jedenfalls hatten eine Menge Spaß, als wir uns mit Riesenpinseln, Gummistiefeln und noch mehr an die Arbeit machten.
Jeden Tag gab es eine neue Überraschung – jedes Mal eine sehr ungewöhnliche Technik. Ein ziemlicher Quatsch, der wunderbar in unsere Faschingszeit passte!
Ach ja: Wichtig wäre es natürlich, dass das fertige Kunstwerk auch noch eine Weile bestaunt werden kann, das heißt, dass es genug Platz an einer Wand gibt, um es dort aufzuhängen.

Das brauchen wir:

- Packpapier (je nach räumlichen Möglichkeiten 2 x 3 m oder größer)
- stabilen Klebstreifen
- Plaka- oder ähnliche Farbe
- große flache Farbschälchen (für die Autos)
- Rundstäbe, etwa 1m lang
- Borstenpinsel
- Gummistiefel (möglichst zwei verschieden große Paare, damit sie allen Kindern passen und jeder auch noch gut darin gehen kann)
- kleine Plastikautos mit breiten Reifen
- Stoffreste, Schnur

Das machen wir:

Wir befestigen das Packpapier gut auf dem Boden. Es wird mehr als üblich beansprucht!

Jeden Tag gibt es eine andere Malaktion:

Malen mit dem langen Pinsel

An den Rundstäben werden mit Hilfe des Klebstreifens (oder auch mit festen Gummis) Pinsel befestigt. Mit diesen langen Pinseln wird auf dem großen Bild gemalt. Nicht nur dafür brauchen die Kinder viel Geschick: schon das Eintauchen in die Farbe erfordert Konzentration und kreativen Umgang mit dem Handwerkszeug! Da bei unserer Aktion, für die in diesem Fall das englische Wort „action" noch eher passt, viele Kinder zuschauen, ist sicher immer jemand da, der einem Maler, der Schwierigkeiten hat, gerne hilft.

Fußstapfen

Die Profilsohlen der Gummistiefel werden mit Farbe bestrichen. Mit diesen besonderen Schuhen marschieren die Kinder über das Bild. (Vorsicht bei dicker Farbe: Rutschgefahr!)

Autobahn

Die Plastikautos werden in einer großen flachen Schale mit Farbe hin und her gerollt. Dann lassen die Kinder sie mit Schwung über das Bild fahren.

Wurfball

Ein Stoffrest oder auch ein Stück Zeitungspapier wird zu einem Ball geknüllt. Ein weiteres Stoffstück wird als Säckchen darüber gebunden. Der Ball wird in die Farbe gedrückt und auf das Bild geworfen.

Der amerikanische Avantgardist Jackson Pollock, ein berühmter Maler, arbeitete zeitweise auch nicht mehr mit Pinsel und Stift, sondern warf die Farbe auf seine Leinwand!

Damit unser Projekt nicht im Chaos endete, haben immer nur 2 bis 3 Kinder gleichzeitig gearbeitet. Für die anderen war es aber meist spannend zuzuschauen und unser „Quatschbild" wachsen zu sehen, während sie darauf warteten, selbst an die Reihe zu kommen.

März: Frühlingswanderung

Sich beim Malen auch mit den Füßen zu bewegen, von einem Arbeitsplatz zum nächsten zu gehen, das eigene angefangene Bild, die nicht vollendete Arbeit zu verlassen, um an dem Bild eines anderen weiterzumalen – das alles kann für Kinder spannend sein und ihnen Spaß machen. Für viele ist es aber auch eine Herausforderung. Nicht jeder kann loslassen, und nicht alle sind dazu bereit, das eigene Bild einem anderen zum Weitermalen zu überlassen. Behutsam sollte der Erwachsene bei diesem „Malspiel" die Bedürfnisse und Eigenheiten der Kinder berücksichtigen.

Bei einem Frühlingsbild verwenden wir helle und bunte Farben. In gleicher Weise kann aber auch ein Herbstbild entstehen, mit Gelb-, Rot- und Brauntönen.

Das brauchen wir:

- großes Papier
- Klebstreifen zum Befestigen auf dem Tisch oder dem Boden
- Farben (z. B. Plakafarben oder Fingerfarben), ebenso viele Farbtöne wie Kinder, die mitmalen
- Pinsel

Das machen wir:

Die Kinder suchen sich einen Platz auf dem Papier, auf dem sie zu malen anfangen möchten. Sie stehen am Tisch oder knien auf dem Boden. Vor ihnen steht ein Schälchen mit einer Farbe. Sie beginnen mit ihrer Gestaltung. Nach einer Weile regt der Erwachsene an, mit seiner Farbe im Uhrzeigersinn weiterzurücken auf den nächsten Platz. Nach einer Zeit wird der Platz wieder gewechselt usw. Auf diese Weise malt zwar jedes Kind nur mit einer Farbe, die einzelnen Bilder, die auch ineinander übergehen können, werden aber bunt.

Variation

Die Kinder bleiben auf ihrem Arbeitsplatz, dafür werden die Farbschälchen im Uhrzeigersinn weitergegeben.

April: Feierkerze

Unsere Feierkerze gestalten wir oft in Anlehnung an die Osterkerze in der Karwoche oder in der Zeit davor. Sie steht aber nicht nur bei diesem Fest bei uns auf dem Tisch oder in der geschmückten Mitte unseres Kreises auf dem Boden, sondern an vielen anderen Tagen. An jedem Geburtstag während des Jahres wird sie angezündet – und darüber hinaus immer dann, wenn es für uns etwas zu feiern gibt. Das kann neben den großen Festen wie Ostern und Erntedank auch einmal ein Sonnentag nach einer langen Regenperiode sein, ein Abschiedsritual oder der erste Tag, an dem ein Kind, das lange krank war, wieder bei uns ist.
Nur in der Zeit vor Weihnachten wird die Feierkerze durch den Adventskranz, eine rote Kerze oder eine weihnachtlich geschmückte Laterne ersetzt.
An den Geburtstagen allerdings, die in den Dezember fallen, steht auch die Feierkerze, wie in allen anderen Monaten, auf dem geschmückten Tisch.

Vorbemerkung

Bei größeren Kindern kann gemeinsam überlegt werden, wie die Kerze gestaltet werden soll, welche Motive uns gefallen und welche Farben wir verwenden wollen. Es ist gut, sich vor dem Beginn der Arbeit zu einigen, wer welchen Teil übernimmt – es steht ja jedem nicht viel Fläche zur Verfügung. Auch durch Begrenzung des Materials, d. h. der Wachsplatten für jeden einzelnen, wird garantiert, dass alle, die mitmachen wollen, an die Reihe kommen.
Bei kleineren Kindern kann die Kerze auch „einfach nur bunt" werden.

Das brauchen wir:

- eine große weiße Kerze (Durchmesser ca. 8 cm oder auch dicker); Nach Belieben kann auch eine andere Grundfarbe gewählt werden.
- Wachsplatten in verschiedenen Farben
- Brettchen oder Pappe als Unterlage zum Schneiden der Platten
- kleines Messer
- evtl. große Nadel mit Spitze oder Prickelnadel

Das machen wir:

Aus den Wachsplatten werden mit Hilfe des Messers oder einer Nadel Motive ausgeschnitten:

- ein gelber Kreis beispielsweise und schmale gelbe Streifen für die Sonnenstrahlen
- verschiedene geometrische Formen wie Kreise, Dreiecke, Rechtecke in unterschiedlichen Größen für ein Haus, einen Baum usw.
- grüne Streifen als Gras und Blumenstängel
- einfache Blütenblätter
- freie Formen als zusätzliche Dekoration.

Die Wachsteile werden auf die Kerze gelegt und kräftig an den Rändern angedrückt.

Kleinere Kinder können einfach Wachsstückchen abschneiden oder -reißen und diese, eventuell vorher zu Kügelchen geformt, dann aufdrücken. Damit alles gut haften bleibt, muss ein Erwachsener oder ein älteres Kind manchmal dabei mithelfen.

Sinnvoll ist es, wenn sich der Schwerpunkt der Gestaltung auf dem unteren Teil der Kerze befindet – so überdauert sie zur Freude der Kinder unversehrt einige Zeit und fängt nicht gleich beim ersten Anzünden an zu zerschmelzen.

Mai: Gartengeist

Der „gute Geist“ scheint unseren Garten zu bewachen, auch wenn er – anders als eine Vogelscheuche – die gefiederten Gäste eher einlädt als vertreibt. Binden wir allerdings bunte Stoffstreifen an seine Arme, können die flatternden Bänder auch diese andere Funktion erfüllen.

Das brauchen wir:

- Vierkantholz, ca. 4 x 4 cm, Länge etwa 250 cm (etwa ½ m brauchen wir zum Eingraben)
- Holzreste (meist umsonst in einer Schreinerei erhältlich)
- Schleifpapier
- Säge
- Hammer und Nägel
- Leim und Pinsel
- nach Wunsch wetterfeste Farbe zum Anmalen

für größere Kinder:

- evtl. Stemmeisen und Hammer
- Raspel und Feile
- Bohrer

Das machen wir:

Jedes Kind sucht sich ein Holzstück aus und bearbeitet es mit einem oder mehreren Werkzeugen je nach Wunsch und handwerklichem Geschick.
Das fertige Werkstück wird vom jeweiligen Kind in der oberen Hälfte an das Vierkantholz geleimt und genagelt. Auf Wunsch kann der Gartengeist bunt bemalt werden.
Danach wird er „standfest“ im Garten aufgestellt. Ein Erdbohrer leistet gute Dienste beim Graben eines tiefen Loches.
Ebenso gut macht sich unsere Holzskulptur auch, wenn sie an den Gartenzaun genagelt oder mit stabiler Schnur oder Draht an einer geeigneten Stelle festgebunden wird.

Der Gartengeist kann viele verschiedene Formen haben. Mit einer mittig aufgenagelten Latte als „Arme“ und einem etwa quadratischen Brett als „Kopf“ sieht er wirklich wie ein Wächter aus. Genauso reizvoll ist er aber, wenn Holzstücke und Leisten verschiedenster Art nach allen Seiten ragend aufgenagelt werden.

Juni: Ein Zelt für den Garten

Ein Zelt ist ein gemütlicher Platz zum Ausruhen und Träumen, zum Spielen und Picknick machen, zum Schmökern und Erzählen.

Das brauchen wir:

- Seil (Wäscheleine / stabile Schnur), so lang, dass wir es zwischen zwei Bäumen, zwischen Haus und Schaukelgerüst oder wo immer es geeignet ist spannen können
- fester Nesselstoff, Größe nach Bedarf. Auch ein Rechteck, aus alten weißen Betttüchern zusammengenäht, eignet sich gut. Neuer Stoff muss vor dem Bemalen bei 60 Grad gewaschen werden, um die Appretur zu entfernen.

- Stoffmalkreiden
- Bügeleisen, alte Zeitungen (zum Fixieren der Farbe)
- Ösen
- Heringe (zum Befestigen des Zeltstoffes am Boden)

Das machen wir:

Die Kinder bemalen nach Lust und Laune das große Stoffrechteck mit den Kreiden.
Damit der Stoff nicht verrutscht, legt man ihn am besten Stück für Stück über einen Tisch und befestigt ihn mit Klemmen oder Holzlatten und Schraubzwingen. Am einfachsten kann auf dem gespannten Stoff gemalt werden.
Ist unser Tuch fertig bemalt, wird die Farbe fixiert, indem auf der Rückseite heiß gebügelt wird. Diese Aufgabe sollte ein Erwachsener übernehmen. Die untergelegte alte Zeitung saugt die überschüssige Farbe auf, so dass der Stoff schließlich waschfest ist. Frische Zeitung färbt beim Bügeln unter Umständen ab!
Nun wird der Stoff an zwei gegenüberliegenden Seiten umgenäht, um ihn zu verstärken. Zum Schluss werden die Ösen für die Heringe eingeschlagen.
Endlich kann unser Zelt über die gespannte Schnur gehängt werden.
Mit einer Decke am Boden, mit Kissen und allem, was wir sonst noch brauchen, wird unser „Sommerhaus“ wohnlich gemacht!

Variationen

- Aufwändiger ist ein Tipi, für das wir lange Holzstangen und Decken, Jutesäcke oder Bettlaken brauchen. Bauanleitungen finden Sie im Internet.
- Auch im Raum lieben die Kinder Zelte und Höhlen zum Verstecken und Spielen. Hier kann das bemalte Tuch mit Wäscheklammern und Schnüren befestigt oder passend als „Tischhaus“ genäht werden.

Juli: Ein bunter Steinkreis für unseren Baum

Ein einzelner Stein, selbst wenn er angemalt ist, fällt in unserem Garten nicht weiter auf. Viele Steine, als Kreis auf dem Boden um einen Baumstamm gelegt, sind zugleich Schmuck und Schutz.

Das brauchen wir:

- große, möglichst glatte Steine
- wasserfeste Farbe, zum Beispiel Abtönfarben, die für den Außenanstrich von Wänden benutzt werden
- Pinsel

Das machen wir:

Die Steine sammeln wir bei einem Spaziergang, oder die Kinder bringen sie von zu Hause mit. Wir waschen sie in einer Wanne im Garten und legen sie zum Trocknen in die Sonne.

Danach malen wir sie in kräftigen bunten Farben an. Dabei muss die Unterseite nicht unbedingt bemalt werden, da diese Seite ja auf der Erde liegt und nicht sichtbar ist.

Die Steine können als Baumkreis gelegt werden, aber auch als Begrenzung für ein Beet oder als Schlange, die sich durch ein Wiesenstück kringelt. Die Kinder haben sicher noch ganz andere Ideen!

Im Sommer werden die Steine vielleicht von Pflanzen überwuchert und spitzen nur unter den Blättern hervor. In den Zeiten, in denen nicht viel in unserem Garten wächst, leuchten sie in bunten Farben.

August: Grüße vom Strand

Der August ist für viele Leute Ferienzeit. Was liegt also näher, als in diesem Monat ein Bild mit Wellen, Sand und Muscheln zu gestalten?

Das brauchen wir:

- großes festes Papier
- blaue Farbe (z. B. Fingerfarben, Wasserfarben oder Plakafarben) und evtl. Pinsel
- Leim
- kleine flache Muscheln
- trockenen Sand

Das machen wir:

Beim ersten Arbeitsschritt malen einige Kinder mit blauer Farbe Wellen auf das Papier, evtl. in verschiedenen Tönen. Nach Wunsch verwenden wir auch Grün mit dazu.

Nach dem Trocknen wird mit einigen schwungvollen Pinselstrichen Leim auf das Papier gebracht. Wir können auch direkt aus der Leimflasche auf den Untergrund spritzen.

Großzügig wird nun der trockene Sand über die Kleberspuren gestreut und eventuell etwas festgedrückt.

Wieder muss unser Blatt trocknen. Dann heben wir es senkrecht hoch, und der überschüssige Sand rieselt herunter. Wenn wir finden, dass zu wenig Sand auf unserem „Strand“ geblieben ist, können wir noch einmal Leim und Sand verteilen.

Ganz zum Schluss kleben wir die Muscheln auf. Auch kleine flache Steine und Federn passen gut dazu.

Variation

Je nach Lust und Ideen können die Kinder auch noch Fische und andere Meerestiere malen, ausschneiden und das fertige Bild damit schmücken.

Gemeinsam kreativ sein – mit unterschiedlichem Material

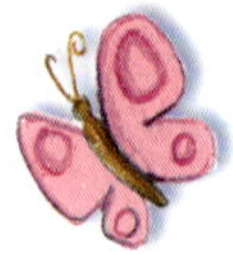

Im zweiten Praxiskapitel stelle ich Ihnen eine Vielzahl von Beispielen mit den Werkstoffen Papier, Textiles, Naturmaterial und Holz vor.
All das soll vor allem Anregung für Sie und Ihre Kinder sein, selbst kreativ zu werden und nicht nur „nach Anleitung“ zu malen und zu basteln, sondern vielmehr die Vorschläge phantasievoll und nach eigenen Vorstellungen zu variieren, zu ergänzen und schließlich etwas Neues, wirklich Einmaliges mit Ihrer Gruppe zu gestalten. Viel Freude dabei!

Wir arbeiten mit Papier und Pappe

Die meisten Beispiele in diesem Buch sind Arbeiten mit Papier, da dieses Material in Kindergärten immer und meist in großer Menge zur Verfügung steht und ohne großen Aufwand und in unterschiedlicher Weise verarbeitet werden kann.
Papier kostet nicht viel, vor allem, wenn man die vielen Quellen nutzt, bei denen es Papier und Pappe umsonst gibt. Jede Menge Altpapier, nicht nur einseitig bedrucktes Schreibpapier, sondern auch die Rückseiten von alten Landkarten und Postern, Ausrangiertes und Überflüssiges wie alte Kalender, Tapetenrollen, verschiedenes Verpackungsmaterial und vieles mehr bieten sich zum phantasievollen Gestalten an. Wird einiges noch dazugekauft, haben wir einen unerschöpflichen Vorrat an Material, aus dem viele kreative Ideen entstehen können.

Freies Arbeiten und Materialerfahrung

Eine Wand zum Malen

Da wir fast immer auf einem Tisch malen, hin und wieder auch auf dem Boden, ist es eine neue Erfahrung für die Kinder, eine aufrechte Fläche zu gestalten.
An eine große freie Wand, vielleicht im Flur, wird ein fester Bogen Papier, zum Beispiel Packpapier, stabil geklebt oder genagelt, vom Boden bis zu der Höhe, die die größten Kinder erreichen. Mit Farbstiften oder Wachskreiden kann auf dieser Fläche gezeichnet werden. Natürlich müssen die Kinder die Regel beachten: Es wird nur auf dem Papier gemalt – Boden, Wand, Türen, Möbel usw. sind tabu! Die Kinder können im Stehen, Sitzen, Knien, ja sogar im Liegen malen, sie genießen es, sich bis zum oberen Rand zu strecken und im weiten Bogen da zu malen, wo normalerweise ihr Blatt schon längst endet.

Materialerfahrung auf großem Papier

Diesmal malen wir auf einer großen Fläche auf dem Tisch. Je nach Größe unseres Papiers können wir auch mehrere Tische zusammenschieben.
Es ist sinnvoll, dass die Kinder am Tisch stehen, da sie dadurch mehr Bewegungsfreiheit haben und nicht so verkrampft arbeiten, wie es oft im Sitzen geschieht. Vielen Kindern ist es sehr fremd, ohne Stuhl zu malen, sind sie es doch gewöhnt, die meisten Arbeiten sitzend zu erledigen. Mancher wird seinen Stuhl wieder heranziehen, bis er dann doch merkt, dass er stehend mehr Möglichkeiten und den richtigen Überblick hat und dass es auch mehr Spaß macht, nicht so eingeengt zu arbeiten.
Bevor wir uns an thematische Bilder wagen, wollen die Kinder erst einmal experimentieren, im Material schwelgen, wollen mit Fingerfarben reiben, so weit ihre kleinen Arme reichen, manchmal so lange, bis das Papier Löcher bekommt und von allen leuchtenden Farbtönen nur noch ein einheitliches schmutziges Braun bleibt. Sie wollen mit Stiften immer wieder in großen Kreisen rundherum fahren oder kräftig in Rot kritzeln („Ein großes Feuer") oder ganz in Schwarz („Alles ist voller Rauch!").
Es können erste Erfahrungen mit dem Mischen von Farben gemacht werden. Vor allem aber macht das Arbeiten auf einer großen Fläche einen Riesenspaß! Besonders das Malen mit Fingerfarben ist ein sinnliches Vergnügen, das den meisten Kindern viel Freude macht.

Bewegte Malaktion

Für diese Aktion können wir an der Wand in unserem Zimmer oder auch im Flur eine lange Tapetenbahn spannen, an der die Kinder vorbeilaufend ihre Spuren in verschiedenen Farben hinterlassen. Sich mit den Füßen zu bewegen und gleichzeitig den Stift in der Hand auf dem Blatt zu führen, stellt gerade an Kleinere eine besondere Anforderung!

Malspiele

Malspiele dienen dazu, ungewöhnliche Malweisen auszuprobieren und sich auf Unvorhersehbares einzustellen. Für die Kinder ist es oft eine große Herausforderung, da es ihnen anfangs schwer fällt, das eigene Gemalte loszulassen und „Übergriffe“ von anderen zuzulassen. Wenn der Erwachsene eine solche Malaktion mit viel Verständnis und Einfühlung vorbereitet und begleitet, sind die allermeisten schließlich doch mit Begeisterung dabei.
Die wenigen Beispiele, die hier angeführt sind, sollen anregen zum Weiterentwickeln und Experimentieren. Sie wollen Mut machen, verrückte Ideen aufzugreifen und sich gemeinsam auf Neues einzulassen. Wesentlich bei Malspielen ist nicht das Endergebnis, sondern die Erfahrungen, die wir beim Malen machen, und der Spaß, den wir dabei haben!

Ellbogen gefragt

Wir malen mit Fingerfarben auf einem großen Blatt – diesmal nur mit den Ellbogen!

Variationen

- Wir malen nur mit beiden Daumen / beiden kleinen Fingern. Oder: Wir malen und drucken nur mit Handkanten und Fäusten.
- Im Sommer können wir mit den nackten Füßen malen – die Hände helfen nur beim Abwaschen und Abtrocknen!

Bunte Farben satt

Auf einem großen Blatt malen abwechselnd mehrere Kinder. Einer beginnt, nach einer Weile wechselt ihn der nächste ab. Durch ein akustisches Zeichnen – z. B. Glockenspiel – oder eine Sanduhr wird der Wechsel angekündigt. Der Reihe nach wiederholen sich die Maler. Unser Ziel: auf dem Blatt soll kein weißer Fleck mehr zu sehen sein. Die Malereien der anderen dürfen verändert und ergänzt, aber nicht grundsätzlich übermalt werden.

Autofahren

Die Kinder stehen – jeder mit einem andersfarbigen Malstift („Auto“) in der Hand – um einen Tisch, auf dem ein großes Papier befestigt ist.

Der Erwachsene zeichnet als Start einen Punkt auf das Blatt und dann einen zweiten, entfernten. Das erste Kind zeichnet eine Verbindung vom Start zu Punkt 2. Der Erwachsene zeichnet einen neuen Punkt (3), das nächste Kind „fährt“ von 2 nach 3. Das Spiel („Erwachsener zeichnet neuen Punkt, das nächste „Auto“ verbindet die beiden letzten Punkte“) kann so lange weitergehen, wie die Kinder Lust dazu haben.

Ist noch Platz auf dem fertigen Bild, können die Kinder nach Belieben Autos dazu zeichnen.

Tipp

In meiner Gruppe machte dieses Spiel allen viel Spaß. Manche Kinder hatten anfangs große Hemmungen, die Linien anderer zu überkreuzen. Sie fuhren lange, kurvige Umwege, um doch an ihr Ziel zu gelangen. War das Straßengeflecht zu dicht, war das allerdings nicht mehr möglich, dann konnte man Kreuzungen nicht mehr vermeiden.
Für andere Kinder wieder war es nicht einfach, das eigene Gemalte von anderen berührt oder gar „durchgestrichen“ zu sehen.

Größere Kinder können auch selbst ihren Zielpunkt malen, bevor sie mit dem Stift dorthin „fahren“.

Gestalten mit Schachteln und Papprollen

In manchen Einrichtungen stehen Schachteln und Pappreste den Kindern jederzeit zum Spielen und Basteln zur Verfügung. Phantasievolle Ideen entstehen dabei schon beim Aussuchen des Materials. Als ein Beispiel sei hier nur das Schachtelschloss genannt.

Schachtelschloss

Es braucht viel Platz, damit wir es eine Weile bewundern und präsentieren können. Vielleicht ist es auch stabil genug, um damit zu spielen – wir könnten es mit kleinen Figuren zum Leben erwecken!
Wir brauchen jede Menge kleiner Schachteln verschiedener Form und Größe, z. B. von Medikamenten, Kosmetik usw., Klorollen, Küchenrollen und Abschnitte aus Pappe. Aus diesem Material kleben wir gemeinsam ein großes Phantasieschloss mit vielen Türmen und Mauern. Als Boden dient eine große stabile Pappe.
Nach dem Trocknen können wir das Schloss bemalen oder mit Papier bekleben.
Entscheiden wir uns dabei nur für weiß, wird es ein Winterschloss, das eventuell noch mit glitzerndem Material geschmückt wird.
Alternativ können wir die Schachteln auch vorher gestalten und sie erst danach zum Schloss zusammenkleben.

Kleister, Papier und Pappmaché

Das Arbeiten mit Kleister und Papier bzw. Pappmaché ist eine sinnliche Erfahrung. Es kann ausführlich gematscht werden, bevor man gezielt ein Projekt startet, bei dem eine Figur, ein großer Ballon für die Decke unseres Gruppenraumes oder ein Thron, aufgebaut auf dem Gerüst eines alten Stuhles, entsteht. Da es viel Geduld erfordert, immer wieder neue Schichten von Papier zu kleben, ist es gut, wenn viele Hände daran mitarbeiten, nebeneinander und nacheinander.
Auf den Bereich „Pappmaché“ will ich hier nicht näher eingehen, da es gute Literatur dazu gibt.

Collage (frz.: das Aufkleben)

Diese Technik ist auch schon für die Kleinsten geeignet, da kaum Vorgaben gemacht werden. Jeder kann arbeiten, wie er Lust hat. Die Kleinen sind den Größeren nicht unterlegen, und so werden sie hier mit Begeisterung mitmachen.
Auf eine große Fläche (Papier, Pappe, Holz, Leinwand) wird nach Belieben Material geklebt. Es eignen sich dafür Papiere, z. B. verschiedene Arten wie Tonpapier, Seiden-, Krepp- oder Zeitungspapier und vieles mehr, geschnipselt, gerissen oder geknüllt, aber auch jedes andere Material wie Wolle, Stoff, Natur- und Abfallmaterial – der Phantasie sind keine Grenzen gesetzt!
Dabei gibt es keine „Ordnung" außer der, die die Kinder selbst anstreben. Oft ergibt sich bei den Kindern aber im Laufe der Arbeit der Wunsch nach mehr als nur „wildem" Kreuz-und-quer-Kleben.

Neben völlig freien Collagen kann durch das vorgegebene eingeschränkte Materialangebot die Bildaussage ohne zusätzliche Reglementierungen gesteuert werden:

- bestimmte Farbtöne (gelb und rot z. B. werden zum Feuer),
- Material nur aus der Natur (Herbst),
- verschiedenes Material nur in Weiß und Silber (Winter) usw.

Ergänzend kann dazu noch gemalt werden.

Außerdem kann eine Collage auch ein konkretes Thema haben wie z. B. *Grüße vom Strand* (Seite 50) oder *Herbstwald*, wobei bunte Blätter, Zweiglein, flache Rindenstücke, Moos usw. in Form eines Waldes mit vielen Bäumen aufgeklebt werden.

Drucken

Handdruck

Auch diese in sehr vielen Kindergärten zu findende Gemeinschaftsarbeit – manchmal ist sie allerdings die einzige, die jemals gemacht wird – soll erwähnt werden.

Jedes Kind druckt seine Hand mit Fingerfarbe auf das Blatt. Lustiger ist auf jeden Fall, wenn neben den bunten Händen auch noch Füße zu finden sind!

Druck-Komposition

Weitaus interessanter ist eine Druck-Komposition, bei der die Kinder verschiedene Alltagsgegenstände und Fundsachen (mit möglichst verschiedener Struktur), zum Beispiel Klötzchen, Korken, dicke Schnur, Pappstücke, Federn usw., mit Farbe bestreichen und auf das Papier drucken.

Blätterdruck

Das Reizvolle beim Blätterdruck sind die vielen verschiedenen Formen, die in der Natur vorkommen, und die deutlichen Adern, die sich beim Abdrucken ergeben.

Die Farbe wird am einfachsten mit einer Rolle aufgebracht oder vorsichtig von innen nach außen mit dem Pinsel auf das Blatt gestrichen.

Ein großes Papier mit verschiedenen bunten Blättern in freier Anordnung ist eigentlich abwechslungsreich genug. Wir können aber genauso gut zum Beispiel eine *Schlange* gestalten, indem wir die Blätter dicht hintereinander in einer gewundenen Reihe drucken. Interessant ist es auch, wenn durch jeweils zwei gedruckte Blätter *Fische* entstehen. Wenn wir möchten, können wir zum Schluss noch ein Stück Netz in Farbe tauchen und ausgebreitet über einen Teil der Fische drucken, als hätten wir sie gerade gefangen.

Themenbilder

Grundsätzlich gilt: Aus beinahe jeder Idee für ein Einzelbild kann auch eine Gemeinschaftsarbeit entstehen!

Die Größe dieser Bilder wird lediglich durch die Abmessungen der Arbeitsfläche (Tisch/e, Boden) und der Wand, an der sie später aufgehängt werden können, begrenzt.

Festes Papier kann beliebig zusammengeklebt werden. Bei sehr großen Formaten kann es sinnvoll sein, von innen nach außen zu gestalten, wobei die ersten Kinder beim Malen usw. in der Mitte auf dem Untergrund sitzen oder knien, damit später die äußeren Teile nicht verwischt oder zerstört werden. Auch deshalb ist stabiles Material als Untergrund angebracht!

Bei manchen Bildern kann man auch auf kleineren Einzelteilen arbeiten, die später erst zusammengeklebt werden. Übergänge können eventuell nachträglich ergänzt werden.

Die meisten Gemeinschaftsarbeiten haben ein konkretes Thema, das sich aus dem Kindergartenalltag ergibt. Wichtig ist aber auch hier, dass für die Kinder genügend Freiraum bleibt, um eigene Entscheidungen zu treffen und kreative Vorschläge einzubringen. Dem Erwachsenen steht die Aufgabe zu, die Kinder anzuregen, zu unterstützen und eventuell behutsam zu steuern, wo es nötig ist. Auf jeden Fall sollte er immer offen sein für neue Sichtweisen und die Kinder in ihrer Phantasie möglichst wenig eingrenzen.

Bei fast allen Themen können wir, wenn wir wollen, auch die Kleinsten einbeziehen: sie dürfen Wiese kritzeln oder Wolken, Schnee oder Erde, bunte Kringel malen oder Flecken tupfen. Eventuell decken wir bestimmte Teile des Blattes ab, damit sie frei bleiben für die Gestaltung der anderen Kinder.

Wir sind da!

Jedes Kind zeichnet sich selbst auf das große Blatt oder auf ein kleineres Blatt, das später ausgeschnitten und aufgeklebt wird. Blumen, Tiere, Häuser und alles, was die Kinder noch gerne um sich haben wollen, verschönern zusätzlich unser Bild.

Erntedankbild

„Was ist alles für uns gewachsen?“ „Was essen wir davon gerne?“ „Worüber freuen wir uns?“
Jedes Kind malt ein Obst oder Gemüse, Blumen oder Getreide auf das große Papier.

Variation

Die Früchte finden in einem großen gemalten Korb oder auf einem gezeichneten Tisch ihren Platz, die Blumen in einer Vase.

Tierpark

In unserem Zoo gibt es mindestens so viele Tiere wie Kinder in unserer Gruppe sind! Wer will, darf auch mehrere Tiere malen. „Brauchen alle Tiere einen Zaun? Ein Haus zum Schlafen? Einen Trog fürs Futter?“
Zwischen den einzelnen Gehegen führen vielleicht auch Wege kreuz und quer.

Variation

Auch Phantasietiere dürfen in unserem Zoo leben.

Über der Erde, unter der Erde

Auf Spaziergängen und in unserem Garten, aber auch in Büchern und Erzählungen entdecken wir, dass Pflanzen zwar über der Erde wachsen, aber mit kleinen und großen Wurzeln tief in den Boden reichen. Graben wir im Frühling ein

Beet um, entdecken wir, wie viele Tiere im Verborgenen leben und nur ab und zu ans Tageslicht kommen. Vielleicht wird manchen Kindern durch dieses genaue Schauen und Erforschen erst bewusst, dass es auf und unter einem Stück Wiese sehr lebendig zugeht.
Zur Erntezeit pflücken wir Früchte und ziehen oder graben Wurzelgemüse aus der Erde.
Auf unserem Bild findet all das seinen Platz, ganz unabhängig von den Jahreszeiten und von unterschiedlichen Standorten.
Je älter die Kinder sind, umso mehr kann man auf die entsprechenden Lebensräume von Pflanzen und Tieren achten.
Wir teilen das Blatt mit einem horizontalen Strich in oben und unten. Oben malen die Kinder Bäume, Blumen, Hasen, Vögel, Gras, Menschen, vielleicht auch Häuser und Autos, je nachdem, wie viel Platz wir haben und ob wir diese Dinge, die ja nicht wachsen, zu unserem Thema passend empfinden. Unter der Erde gibt es viele Wurzeln, Regenwürmer, Maulwürfe, aber auch Karotten und Kartoffeln.

Über dem Wasser, unter dem Wasser

In ähnlicher Weise wie unser Erde-Bild entsteht unsere Wasserwelt. Über dem Wasser fliegen Vögel, unter dem Wasser schwimmen Fische und vielleicht auch Taucher. Es gibt Wasserpflanzen und Muscheln. An der Wasseroberfläche fahren Schiffe und schwimmen Menschen.

Zaubergarten

Blumen, Bäume und Tiere aus der Vorstellungswelt der Kinder haben hier ihren Platz.
Weder auf annähernd „richtige“ Größenverhältnisse noch auf anatomische Korrektheit sollte hier geachtet werden – es ist ein phantastischer Zaubergarten, in dem alle bisher unentdeckten und für Erwachsene unvorstellbaren Pflanzen und Tiere leben können!
Unser Bild wird gezeichnet, gemalt, geklebt und/oder gedruckt.

Im Wald

Dieses Bild wird vor allem in Grün- und Brauntönen gestaltet. Verschiedene Bäume, Waldtiere und Pflanzen, die im Wald wachsen, finden wir auf unserem Blatt wieder.

Gerade bei den Kleineren sollte „künstlerische Freiheit“ auch hier im Vordergrund stehen. Ältere Kinder haben sicher Freude daran, genauer auf typische Merkmale, z. B. bei den Bäumen, zu achten. Ein aufmerksamer Waldspaziergang und die Betrachtung von Naturkundebüchern können dabei die Grundlage für die „Projektplanung Waldbild“ sein.

Apfelbaum

Ein dicker brauner Baumstamm und die große grüne Krone, aus Tonpapier geschnitten oder gemalt, werden von einigen Kindern vorbereitet.

Jedes Kind schneidet aus rotem Papier einen Apfel aus und klebt ihn auf. Verschiedene Rottöne machen das Bild lebendiger. Ein kleiner brauner Streifen wird als Stängel dazugeklebt oder gemalt. Einige Äpfel können auch gerade vom Baum fallen oder auf dem Boden liegen.

Gut dazu passen natürlich auch eine Leiter und ein Korb.

Geburtstagsbilder

In einer Gruppe von nur 15 Kindern wurde es zur Tradition, dass jedes Geburtstagskind ein von der Gruppe gemeinsam gestaltetes Bild bekam. Meist machte, vor allem bei den Kleinen, das Geburtstagskind selbst ganz begeistert mit. Die Größeren ließen sich auch gerne überraschen – dann wurde „geheim“ gearbeitet. Das Thema war entweder frei (z. B. malen, drucken, kleben ohne Vorgabe – ein buntes Bild nach den Wünschen der Kinder) oder auf die Jahreszeit (z. B. Winter: *Schneemänner* oder Frühling: *Schmetterlinge*) oder die Vorlieben des Kindes (z. B. *Eisenbahn*) bezogen. Eine Vielzahl von Techniken wurde bei uns mit der Zeit eingesetzt. Gute Wünsche und die Namen aller Kinder, mit bunten Stiften selbst oder vom Erwachsenen geschrieben, ergänzen das Bild.

Als Untergrund verwendeten wir einfarbigen Fotokarton (50 x 70 cm). Darauf wurde gezeichnet, gemalt, gedruckt und geklebt.
Das fertige Geburtstagsbild durfte das Kind an seinem Feiertag mit nach Hause nehmen. Meist wurde es dort in seinem Zimmer aufgehängt und war dann ein besonderer Schmuck, der oft länger als bis zum nächsten Jahr an den Festtag und die Freunde erinnerte.
Bei einer großen Kindergruppe können sicher nicht alle beteiligt sein. Oft reduziert sich die Anzahl der „Maler“ aber von selbst, da nicht unbedingt alle Kinder interessiert sind an jedem kreativen Angebot. Eine weitere Möglichkeit ist, parallel ein ähnliches Bild für den Kindergarten zu gestalten, um alle Kinder einzubinden. Auf jeden Fall ist aber jedes Kind der Gruppe durch seinen aufs Geburtstagsbild geschriebenen Namen mit dabei!
Alle Ideen für Geburtstagsbilder eignen sich auch gut als Geschenk zum Abschied für ein Kind oder eine Betreuerin oder zu einem Jubiläum, z. B. für die Leitung, den Träger usw. Ebenso kann daraus eine Dekoration für den Raum entstehen, dann allerdings meist auf größerem Format.
Die Grundidee bei den folgenden Anregungen kann je nach Platz, Thema, Phantasie und Lust der Kinder ergänzt werden durch aufgeklebte Papierschnitzel, gemalte Punkte oder Kringel, Landschaftselemente wie Gras, Blumen, Bäume, Tiere, Wolken, Sonne usw. Aber auch kleine Fundsachen (Blätter, Federn, flache Steinchen usw.) können dazugeklebt werden.

Falten

Faltarbeiten bieten schon von der Technik her wenig Freiraum. Nur vorgeschriebene Faltschritte und exaktes Arbeiten garantieren das gewünschte Ergebnis. Kleinere Kinder und solche mit feinmotorischen Schwierigkeiten werden hier wenig Freude und Erfolg haben.
Größere Kinder allerdings nehmen die Herausforderung oft mit großer Konzentration und Geduld an. Bei aller Eingeschränktheit der eigenen Kreativität beim vorgegebenen Falten ist diese Technik doch eine gute Möglichkeit zur Förderung

von Feinmotorik und aufmerksamem und sorgfältigem Arbeiten. Die fertigen Faltobjekte können darüber hinaus noch individuell gestaltet werden.
Kinder mit viel Erfahrung, Ausdauer und geschickten Händen sollte man auch ermutigen, selbst auszuprobieren, welche Formen man durch Falten aus einem Stück Papier erhalten kann!
Auch wenn Falten eine Aufgabe ist, die jedes Kind allein und mit großer Sorgfalt bewältigen muss – vielleicht mit Unterstützung eines Erwachsenen –, so entsteht doch aus den einzelnen Arbeiten in den weiteren Schritten ein abwechslungsreiches Gemeinschaftswerk!

Am Einfachsten ist es, fertiges Faltpapier zu verwenden, da es exakt zugeschnitten und nicht zu dick ist, was das Arbeiten sehr erleichtert.
Die Faltanleitungen zu den folgenden Vorschlägen sind Ihnen vielleicht vertraut, da sie oft zu den Grundformen im Kindergarten gehören, wenn gefaltet wird.
Ansonsten finden Sie diese in Origami- oder Bastelbüchern bzw. *zum kostenlosen herunterladen bei DON BOSCO*.

Schiffe auf hoher See

Als Untergrund werden blaue und/oder grüne Wellen gemalt.
Nach dem Trocknen kleben wir gefaltete, evtl. noch bemalte oder beklebte Papierschiffchen auf. Auch bunte Fische, ausgeschnitten und dazwischen geklebt, haben hier Platz.

Drachen im Wind

Auf die Rückseite der gefalteten Drachen kleben wir ein Stück Wollfaden, an den in Abständen Krepppapierstückchen geknotet wurden. Die fertigen Drachen werden auf einen hellblauen Fotokarton geklebt.

Schneeglöckchen

Auf einem hellblauen Fotokarton (Himmel) malen wir einen weißen (Schnee) oder grünen (Gras) Boden. Wir malen oder kleben grüne Stängel und Blätter auf und kleben auf das obere Ende des Stängels die gefaltete weiße Blüte.

Blumenwiese

Wir malen auf dem Karton eine grüne Wiese. Aus ihr wachsen Stängel und Blätter, gemalt oder aus Papier geklebt. Zum Schluss werden die aus dünnem buntem Papier gefalteten und geschnittenen Blüten aufgeklebt.

Schneesterne

Beinahe jeder kennt diese Falt- und Schneidearbeit, mit der sich mancher Erwachsene in seiner Kindheit stundenlang beschäftigen konnte. Jedes Mal war das Ergebnis eine Überraschung – und keine Form glich der anderen! Es entstanden eine Vielzahl von „Deckchen“ für den Tisch und bunten Sternen für das Fenster. Als Schneesterne, aus weißem oder silbernen Papier gefertigt, kommen sie am Besten auf einem dunklen Karton (blau oder rot) zur Geltung.

Schneiden, Kleben und Malen

Luftballons

Jedes Kind schneidet einen Kreis aus buntem Tonpapier aus. Wer noch nicht schneiden kann, darf einen Kreis bemalen. Die Luftballons werden aufgeklebt und mit einem Stift jeweils die Schnur dazu gemalt, oder es wird ein Stück Schnur mit jedem Ballon zusammen aufgeklebt.

Variation

Ein Clown, vom Erwachsenen oder einem älteren Kind gezeichnet, hält die Luftballons an den Schnüren fest.

Raupe

Bunte Kreise, etwa gleich groß, werden überlappend zur Raupe aneinander geklebt. Zum Schluss wird der erste Kreis als Kopf ausgestaltet.

Schnecken

Angelehnt an das Gedicht „Sieben kecke Schnirkelschnecken" von Josef Guggenmoos kleben wir auf einen Fotokarton im Hochformat einen „Ast" aus dunkelbraunem Papier. Aus einem helleren Braun schneiden wir die Schneckenkörper.

Ein grauer Kreis, zusätzlich mit einer Spirale bemalt, wird jeweils als Haus aufgeklebt. Nun dürfen die Schnecken am Ast hinauf oder hinunterklettern und bekommen natürlich auch noch gezeichnete Fühler.
Bei uns sind es allerdings viel mehr Schnecken als nur sieben!

Wiese mit Käfern

Mit Fingerfarben oder grünen Stiften wird auf der unteren Hälfte des Blattes eine Wiese gemalt. Gerade Kleinere malen hier sehr kraftvoll, und ihr „Gekritzel" sieht oft viel lebendiger aus als die gleichmäßigen Striche der Größeren, die viel Wert darauf legen, genau und „schön" zu malen.
Danach schneiden wir kleine rote Kreise für die Marienkäfer aus, die nach dem Trocknen des „Grases" aufgeklebt werden. Mit einem schwarzen Stift malen wir noch Kopf, Punkte und Beinchen auf.

Schmetterlinge

Über die Wiese flattern Schmetterlinge aus Geschenkpapierresten. Dazu falten wir das Papier und schneiden daraus Flügel. Beim Auseinanderfalten entstehen so gleichmäßige Flügelpaare. Sie werden aufgeklebt und durch Körper, Kopf und Fühler ergänzt.

Wolkenhimmel

Aus den auf weißem Papier entstandenen „Kritzelbildern" schneiden die größeren Kinder oder der Erwachsene sehr freie Wolkenformen. Diese werden auf einen blauen Karton geklebt.

Eisenbahn

Aus buntem Tonpapier schneiden wir Rechtecke für die Waggons und aus schwarzem Papier etwa gleichgroße Kreise für die Räder. Die Rechtecke werden mit etwas Abstand nebeneinander geklebt. Aus zwei Rechtecken entsteht die Lok, ein schmaleres Rechteck wird zum Kamin.

Dann werden die Räder aufgeklebt, je nach Länge der Waggons und der Lok jeweils 2 bis 4 Kreise. Die Verbindung zwischen allen Fahrzeugen zeichnen wir mit dunklem Stift.
Zum Schluss kleben wir Rauchwölkchen aus Watte auf.
Schienen und beliebige Landschaftselemente können das Bild ergänzen. Wer mag, kann einige Waggons mit Papierschnipseln oder geknülltem Krepppapier „beladen".

Stadt oder Dorf

Die Kinder schneiden verschiedenfarbige Rechtecke und rote Dreiecke aus und kleben aus diesen Formen Häuser auf.
Dazu kommen Türen und Fenster aus Schnipseln. Alternativ können sie auch aufgemalt werden. Freie Formen sind ausdrücklich erlaubt!
„Was gehört noch zu einer Stadt?" Straßen, Bäume, Schilder, Autos, Leute ...

Haus mit Garten

Hier gestalten die Kinder verschiedene Teile eines gemeinsamen großen Hauses. Das Bild wird detaillierter: „Was gehört alles zum Haus?“ „Was steht oder wächst im Garten?“
Wenn der Phantasie der Kinder genügend Raum gegeben wird, entsteht dabei sicher ein ganz und gar einmaliges und überraschendes Gebäude, in dem mancher Lust hätte zu wohnen!

Schneemänner

Jedes Kind schneidet drei verschieden große weiße Kreise aus. Diese werden als Schneemänner auf das Blatt geklebt. Nun brauchen die einzelnen Gestalten noch Arme aus weißen Papierschnipseln, gerissen oder ausgeschnitten, Gesichter, Kopfbedeckung und Stock oder Besen, gemalt oder aufgeklebt.
Schneehügel und Schneeflocken, vielleicht aus Watte oder dem Locherinhalt aufgeklebt, gehören auf jeden Fall auch noch auf dieses winterliche Bild.

Weitere Ideen für Themenbilder
im Kapitel „Gemeinsam durch das Jahr“ auf Seite 30ff.

Monatsbilder

Kinder erinnern sich gerne an die Dinge, die sie gemeinsam erlebt haben. Eine schöne Idee ist es, Monatsbilder im Rückblick zu gestalten.

- Was gab es Besonderes?
- Was war wichtig und schön?
- An was denke ich oft zurück?

Aus den Bildern des Jahres kann nach und nach eine Galerie entstehen, ein großes Leporello oder – wenn wir auf kleinerem Format arbeiten – auch ein Jahrbuch.

Bücher

Bücher, die wir gemeinsam herstellen, bleiben uns lange erhalten. Sie können Erinnerungen bewahren, bieten Gesprächsstoff, regen zu Spielen und neuem Gestalten an und unterstützen Lernprozesse.
Es gibt eine Vielzahl von Themen, die als Buchprojekt verwirklicht werden können. Ist erst einmal die Begeisterung geweckt, entsteht vielleicht sogar eine kleine „Bibliothek", in der wir eine ganze Reihe von Büchern finden, die begleitend zu Ausflügen, innerhalb des Monatsplans oder zu den gerade für die Kinder aktuellen Themen und Interessen entstanden sind.
Wir können als Grundlage ein Ringbuch verwenden, in das wir die fertigen Bilder einheften, oder die einzelnen Blätter lochen und dann zusammenbinden.

Es gibt viele Ideen für Bücher, bei deren Herstellung die Kinder sicher begeistert mitmachen. Hier einige Beispiele:

Bilderbuch

Die Kinder malen verschiedene Bilder zu einer Geschichte, die in der Gruppe vorgelesen oder erzählt wurde.

Variation

Die Kinder denken sich selbst eine Geschichte aus. Der Erwachsene schreibt sie auf, und die Kinder malen Bilder dazu.

Fotobuch

Während eines Ausflugs dürfen die Kinder mit einem einfachen Fotoapparat die Dinge, die sie ansprechen, fotografieren. Aufmerksames Hinschauen und achtsamer Umgang mit der Kamera werden hier zusätzlich gefördert. Vorbereitend kann eventuell ein Projekt „Fotografie" stehen, das vor allem die größeren Kinder auf einfache Weise in diese Technik einführt. Nach dem Entwickeln bzw. Ausdrucken werden die Fotos auf Blätter geklebt, die später zum Buch zusammengefasst werden. Stabile Leerbücher eignen sich hierfür auch. Man ist allerdings durch die Seitenzahl im Umfang festgelegt. Bildunterschriften oder eingefügte Berichte der Kinder, vielleicht auch zusätzliche Zeichnungen, aber auch Landkarten, Eintrittskarten, flache Fundstücke wie Blätter oder Federn, können unser Buch ergänzen.

Andere Themen für einen Fotoband könnten auch sein:
Unser Kindergarten (Was gefällt mir? Wo spiele ich gerne? Und mit wem?) oder *Unser Garten verändert sich* (Wie sehen unser Garten – verschiedene Plätze – einzelne Pflanzen in den wechselnden Jahreszeiten aus?).

Statt eines Fotobuches kann auch eine *Wand* mit von den Kindern erstellten Fotos gestaltet werden. Allerdings ist ein Buch lange zu betrachten, während eine Wand sicher wieder einmal verändert werden will.

Briefmarkenalbum

Die Kinder sammeln gebrauchte Briefmarken. Haben wir genügend „Material“, stellen wir sie nach Themen zusammen und kleben sie auf: Tiere, Pflanzen, Häuser, Menschen, Zeichen ...
Bei diesen „Miniaturbildern“ genau hinzusehen, macht vielen Kindern besonderen Spaß – vielleicht sogar mit der Lupe? Eine ungeheure Fülle von Anregungen, die diese winzigen Darstellungen bieten, können wir nützen, um Themen, die die Kinder interessieren, intensiver zu bearbeiten, oder neue Interessen zu wecken.

Begriffebuch

Für kleine Kinder, die in der Sprachentwicklung noch bei der Erweiterung eines einfachen Wortschatzes stehen, aber auch für Kinder mit Migrationshintergrund, für die Deutsch eine Fremdsprache ist, stellen wir ein „Wörterbuch“ her. Aus Katalogen und Zeitschriften werden Dinge des Alltags ausgeschnitten – Nahrungsmittel, Tiere, Pflanzen, Bekleidung, Autos, Häuser, Möbel und viele andere

Gegenstände aus dem Lebensraum der Kinder. Es können auch mehrere kleine Büchlein entstehen, die nur jeweils einen Bereich umfassen: Nahrung, Tiere, Kleidung, Spielsachen usw.
Kinder, die die deutsche Sprache beherrschen, können aus diesen Büchern anderen „vorlesen" und eine Lehrerrolle übernehmen. So kann spielerische Sprachförderung unter fast Gleichaltrigen eingesetzt werden, um gleichzeitig die Entwicklung sozialer Kompetenzen anzuregen.

Spiele

Wir spielen gemeinsam – warum also nicht auch eigene Spiele selbst miteinander herstellen? Echte Unikate werden dabei entstehen!

Domino

Wir verwenden Pappkärtchen von ca. 3 x 6 cm. Durch einen Strich werden sie in zwei Hälften geteilt. Da die einzelnen Motive mehrmals vorkommen, können sie auch von mehreren Kindern gezeichnet werden.
In einem Gespräch einigen wir uns auf die Auswahl von einfachen Motiven. Es dürfen durchaus kleine Unterschiede bei den Bildern verschiedener „Künstler" auftreten, die wesentlichen Merkmale sollen sich aber gleichen, da sonst später das Spiel zu kompliziert wird und keine Freude macht.
Beispiel: Die „Bäume" sollten nur Laubbäume **oder** Nadelbäume sein, die „Autos" nur PKWs, keine Lastwagen.
Wie beim Memory werden die Kärtchen durch Folie geschützt.

Memory

Ein Kind gestaltet jeweils 2 Pappkärtchen mit dem gleichen Motiv. Dazu brauchen wir stabile Pappe, z. B. Passepartoutkarton, ca. 5 x 5 cm. Die Kleineren können als Motiv einfache Formen auswählen, z. B. „roter Ball". Größere haben bestimmt

viel Spaß daran, kompliziertere Dinge wie zwei gleiche Häuser oder Autos zu zeichnen. Damit die kleinen Bilder geschützt sind, werden sie mit selbstklebender Klarsichtfolie überzogen, eine Aufgabe für den Erwachsenen.

Würfelspiele

Auch Würfelspiele kann man gut gemeinsam gestalten. Die größeren Kinder haben sicher Ideen für ganz besondere Spielbretter. Hier ein einfacher Vorschlag: Mit einem dunklen Stift wird auf einen stabilen Karton oder eine Sperrholzplatte eine Würfelbahn mit einzelnen Spielfeldern gezeichnet, z. B. in Form eines Kreises oder einer Schlange.

Die Felder werden in unregelmäßiger Folge in den 6 Farben angemalt, die auf einem Farbwürfel zu finden sind. Als Spielsteine können die Figuren eines bereits vorhandenen Spieles wie Halma oder Mensch-ärgere-dich-nicht verwendet werden.

Spielmöglichkeiten

1. Jeder Spieler darf nach dem Würfeln mit seiner Figur auf das nächste Feld in der jeweils gewürfelten Farbe weiterrücken. Wer als erster am Ziel ist, hat gewonnen. Vor dem Spiel muss geklärt werden, ob „geworfen" werden darf, wenn ein Spieler ein bereits besetztes Feld erreicht, oder ob er auf das nächste Feld der entsprechenden Farbe weiterziehen darf.
2. Auf bestimmten gekennzeichneten Feldern (zusätzlich zum Beispiel mit einem Punkt markiert) müssen Aufgaben erfüllt werden: auf einem Bein stehen, einmal um den Tisch laufen usw.

Ältere und spielerfahrene Kinder werden sicher eigene Regeln und Spielvariationen erfinden.

Wir arbeiten mit textilem Material

Textiles Material fühlt sich meist angenehm und weich an, unsere „zweite Haut" besteht weitgehend aus diesen Stoffen, und die Räume, in denen wir leben, wären ohne sie kalt und ohne Schutz für Körper und Seele.
Kinder lieben den Umgang mit textilem Material – vielleicht, weil Schmusetuch und Kuscheltier aus ähnlichen Stoffen gearbeitet sind?

Wandbehänge

Kunterbunte Wandbehänge

Wollen wir eine Wand über einen längeren Zeitraum mit dem gleichen Werkstück schmücken, eignet sich eine textile Arbeit besonders gut. Sie erfordert unter Umständen viel Zeit, und es ist schade, wenn sie nur eine kurze Weile als Dekoration gewürdigt wird.
Wir arbeiten entweder auf einzelnen kleinen Stoffteilen, die zum Schluss vom Erwachsenen zu einem großen Teppich zusammengenäht werden. Oder unser Bild entsteht auf einem großen Stoff, der nach und nach von den Kindern gestaltet wird.
Auch kleinere Kinder werden begeistert mit Nadel, Faden und Stoff umgehen, da sie sonst normalerweise nicht mit Nadeln hantieren dürfen. Bei guter Aufsicht, die aus Sicherheitsgründen wichtig ist, und gleichzeitigem Vertrauen in die Geschicklichkeit und Lernfreude der Kinder werden die meisten stolz auf ihren wenn auch noch so kleinen Beitrag sein.
Auch bei textilen Arbeiten steht an erster Stelle die Freude und das Experimentieren mit dem Material. Erst später können wir uns an thematische Ausarbeitungen wagen, die viel Erfahrung, Geduld und feinmotorische Fähigkeiten verlangen.

Vorbereitung des Stoffes

Die Seitenkanten werden, wenn nötig, versäubert, damit der Stoff später nicht ausfranst.
Zum Aufhängen wird der Stoff, möglichst vor dem Bearbeiten, am oberen Rand umgeschlagen und umgenäht und dadurch mit einem Tunnel versehen, durch den später eine Leiste geschoben werden kann, die in zwei Haken an der Wand gehängt wird.
Statt des Tunnels können am oberen Rand auch Schlaufen oder Ringe angenäht werden, durch den ein Stab geschoben wird.

Einige Vorschläge (die beliebig kombiniert werden können)

- Auf Rupfen oder einem anderen groben Stoff sticken wir mit bunten Fäden. Rupfen gibt es in vielen verschiedenen Farben. So kann sich auch der Untergrund aus vielen verschiedenen Tönen zusammensetzen, wenn wir auf einzelnen Stoffteilen arbeiten.
- Wir nähen Knöpfe und Naturmaterial wie kleine Stöckchen und Rindenstücke an, binden Schleifen, schneiden Löcher oder ziehen Fäden, an deren Stelle wir eventuell neue Bänder weben.
- Wir kleben Stoffteile auf. Filz eignet sich besonders gut, da er nicht ausfranst, aber auch andere Stoffe können hier ihren Platz finden. Dünnere Stoffe wie Batist oder feiner Nessel können mit Leim eingestrichen werden und dann plastisch verformt auf den Untergrund geklebt werden. Da dieser Wandbehang nicht waschbar sein muss, können wir auch Material und Techniken verwenden, die sonst für Textilarbeiten nicht geeignet sind.
- Auf dem Stoff wird gemalt und/oder gedruckt. Besonders geeignet dafür sind Baumwolle, z. B. Nessel, oder Seide. Der Stoff muss stets vor dem Bearbeiten gewaschen werden, da sonst unter Umständen die Farbe nicht gut hält.

Frühling

Der Erwachsene bereitet ein Stück Rupfen vor (s. Seite 78).
Diesen Wandbehang können wir, wenn wir die Motive nicht mit Klebstoff befestigen, immer wieder neu als Untergrund für verschiedene Themen im Jahreslauf verwenden.
In beliebiger Technik gestalten die Kinder Schmetterlinge und kleben sie mit doppelseitigem Klebeband auf den Stoff.
Nun werden aus Märchenwolle in verschiedenen zarten Farben, die zum Frühling passen, sehr feine Flöckchen gezupft und zwischen die Schmetterlinge gedrückt. Sind sie wirklich fein genug, bleiben sie auf dem groben Rupfen hängen, ohne dass man sie festkleben muss.

Unser Wandbehang wirkt zart und frühlingsleicht – als hätte ein sanfter Wind die ersten Blütenblätter herübergeweht!

Schafe und Schäfer

Ein winterliches Bild, das auch gut in die Adventszeit passt, sind die Schafe mit ihrem Schäfer. Auch sie werden auf einem Wandbehang aus Rupfen gestaltet. Die größeren Kinder zeichnen einfache Schafe auf dünne Pappe in den Farben weiß, grau, braun und schwarz und schneiden sie aus. Augen und Maul werden aufgemalt, die Ohren aus Filz ausgeschnitten und aufgeklebt. Auf eine Seite des Schafes wird als wolliger Körper ein Stück gezupfte Schafwolle in Naturfarben aufgeklebt. Nun werden die Schafe mit Doppelklebeband auf dem Hintergrund befestigt.

Den Schäfer gestalten die Größeren, eventuell mit Hilfe eines Erwachsenen. Auf Pappe im Profil gezeichnet und ausgeschnitten bekommt er einen langen Umhang aus Wollstoff, Stiefel aus Lederresten, einen Hut, vielleicht noch Handschuhe und einen kleinen Zweig als Stock. Der Schäfer wird in der Mitte seiner Herde befestigt.
Als Winterbild können wir den Himmel mit gezupfter weißer Märchenwolle schmücken oder in der Vorweihnachtszeit goldene Sterne anheften.

Bunter Himmel

Auf einem großen Seidentuch malen die Kinder mit Stofffarben. Dazu wird der Stoff nach und nach auf einen Seidenmalrahmen gespannt.
Das fertige Tuch kann als „Himmel" zum Beispiel über der Kuschel- oder Leseecke aufgehängt werden.

Verschiedene textile Gestaltungen für Zimmer und Garten

Vorhang, Kissen oder Tischdecke für unseren Gruppenraum

Aus Nessel (rohweißem Baumwollstoff, den es in verschiedenen Breiten und Stärken gibt) bereitet der Erwachsene das „Blanko-Modell" vor.

- Er wäscht den Stoff in der Waschmaschine bei 60 Grad, damit er später nicht mehr eingeht und damit die Appretur entfernt wird – die Farbe würde sonst nicht halten.
- Er schneidet den Stoff entsprechend zu.
- Eventuell näht er schon im Voraus das Modell fertig, zum Beispiel die Säume bei Vorhang oder Tischdecke.
- Je nach Modell ist die Fertigstellung auch erst nach dem Bemalen sinnvoll, wie etwa bei Kissen.

Mit Stoffmalkreiden können schon die Kleinsten bunte Flecken, Linien und Kringel, die Größeren auch Motive nach eigener Wahl malen. Damit die Farben waschecht sind, muss der Stoff nach dem Malen auf der linken Seite heiß gebügelt werden!
Auf einen *Vorhang*, bei dem die Kinder sagen können: „Den haben wir selbst gemacht!“, sind sie besonders stolz, weil er neben den Möbeln zur Ausstattung des Kindergartens gehört.

In gleicher Weise können wir *Kissen* für die Kuschelecke bemalen oder mit verschiedenen Symbolen bedrucken. *Stempel* können die Erwachsenen mit größeren Kindern selbst anfertigen: Holzklötzchen werden mit aus Moosgummi ausgeschnittenen Motiven beklebt.
Auch mit Korken, Papprollen (= Kreise) oder den Kanten von Pappstreifen (= gerade Linien) kann gedruckt werden.

In der Herbstzeit bedrucken wir eine *Tischdecke* mit Blättern. Dazu werden kurze Zeit gepresste Blätter – trockene Blätter brechen leicht – mit Stoffmalfarbe bestrichen oder eingewalzt und auf den Stoff gedruckt. Schön sieht das vor allem in den Herbstfarben gelb, orange, rot und braun aus. Zu besonderen Anlässen, z. B. zur Erntedankfeier, ist diese Decke ein außergewöhnlicher Schmuck.

Zaunschlangen

Ein sonst eher trostloser Maschendrahtzaun wird durch unsere Gestaltung zum fröhlichen Blickfang!
Wir schneiden oder reißen aus altem Stoff (möglichst uni, in kräftigen Farben) ca. 2 bis 5 cm breite Streifen beliebiger Länge.
Die Kinder flechten die bunten Streifen in den Zaun ein.

Indianerwebrahmen

Anlässlich eines Indianerfestes im Sommer entstand ein großer Webrahmen, dessen Vorbereitung zwar zeitaufwändig war, mich aber an einem sonnigen Nachmittag, den ich mit Ästen, Schnur und Steinen auf der Wiese unseres Kindergartens verbrachte, die Freude, die Hand-Arbeit bedeuten kann, besonders intensiv spüren ließ.

An einen kräftigen Ast (2 bis 3 m lang) werden in kurzem Abstand lange stabile Schnüre geknotet. Die Ausmaße in Breite und späterer Höhe richten sich auch nach den räumlichen Möglichkeiten, denn unser Webrahmen soll ja später aufgehängt werden! Als Beschwerung dienen am unteren Ende ein weiterer Ast und / oder große Steine.

An solch einem großen breiten Webrahmen, der auf der wettergeschützten Terrasse oder im Eingangsbereich / Flur seinen Platz findet, können gleichzeitig mehrere Kinder arbeiten. Ein Korb mit verschiedenfarbigen dicken Wollresten und Knäueln von Stoffstreifen ist eine Fundgrube für jeden, der gerade Lust hat, an dem eindrucksvollen Teppich mitzuwirken, der in jeder Phase ein besonderer Schmuck für den Raum ist.

Einen *kleineren Webrahmen* – der nach Fertigstellung des Webstücks auch leichter einen Platz an der Wand findet – stellen wir her, indem wir aus vier stabilen Ästen ein Rechteck bilden und an den Ecken mit Schnur fest verbinden. Die zwei gegenüberliegenden Äste müssen dabei jeweils gleich lang sein.

Dann spannen wir zwischen dem oberen und dem unteren Ast Schnüre als Kettfäden. Dazwischen wird mit Wolle und/oder Stoffstreifen gewebt.

Ein Mantel für den Herbstkönig

In einem unserer Gruppenräume gibt es eine Säule, die weder im Weg ist noch bisher für irgendetwas genutzt wurde. In diesem Oktober wurde aus ihr ein „Herbstkönig".

Auge, Nase und Mund werden aus Tonpapier ausgeschnitten und mit Doppelklebeband aufgeklebt und eine passende Krone aus Platanenblättern zusammengesteckt *(Anleitung zum kostenlosen herunterladen bei DON BOSCO)*. Als Mantel dient ein Stück Rupfen, in unserem Fall ca. 1 m x 1 m, das mit einem farbigen Band um die Säule gebunden wird.

Zuvor wird der Mantel aber verziert. Die Kinder sticken mit groben Stichen bunte Wollfäden in den Rupfen. Mit einer dicken stumpfen Nadel schaffen das schon die Kleinsten in unserer Gruppe. Auf die Fäden werden ab und zu Holzperlen gefädelt oder an die Enden gebunden. Auch kleine Stöckchen, durchbohrte Kastanien oder Zapfen können mit einer Schlaufe befestigt oder zum Schluss angeknüpft werden.

Nicht nur eine Säule, sondern auch ein Baum im Garten eignet sich als Herbstkönig – dann mit einem fröhlichen Gesicht, das mit Tonschlicker aufgemalt wird, und seinem schmucken Mantel, den er bei unserem Herbstfest trägt!

Variation

Auch für unsere Vogelscheuche im Garten besticken wir ein „Kleid", diesmal aus einem Kartoffelsack. Damit wir ihn beim Sticken nicht versehentlich zusammennähen, schieben wir beim Arbeiten ein Holzbrett oder eine Pappe als „Trennwand" zwischen Vorder- und Rückseite.

Weitere Idee für textile Gestaltung

Ein Zelt für den Garten im Kapitel „Gemeinsam durch das Jahr" auf Seite 47f.

Wir arbeiten mit Naturmaterial

Ein ungeheurer Reichtum steht uns mit dem Material, das uns die Natur schenkt, zur Verfügung. Wir müssen nur mit offenen Augen und achtsamen Händen über Wiesen und Wege, durch Wälder und Parks streifen, um als erfolgreiche Sammler mit einem Rucksack voller Schätze nach Hause zurückzukehren. Bisweilen entstehen Ideen zur Verarbeitung unserer Fundsachen schon beim Gehen und Entdecken.

Besonders im Herbst erleben wir eine Fülle von Material – und alles ganz umsonst! Vor allem bunte Blätter und die Früchte und Samen der Bäume bieten sich für Gestaltungen an.

Herbstgirlande

Ein schöner Schmuck für unseren Raum, den Flur oder auch die Terrasse ist eine Girlande aus Blättern, Kastanien, Zapfen, Stöckchen usw., die abwechselnd auf eine lange Schnur gefädelt oder gebunden werden. Wir können nacheinander arbeiten – oder kürzere Einzelschnüre später zu einer langen Kette zusammenbinden.

Kastanienschlange

Nur gemeinsam schaffen wir eine riesenlange Schlange, die sich quer durch unseren Gruppenraum spannt!

In die Mitte der Kastanien wird mit einem Nagelbohrer jeweils ein Loch gebohrt, groß genug, dass die Nadel durchpasst.

Vorsicht ist beim Anfang geboten, da der Bohrer auf der glatten Oberfläche leicht abrutscht und die Kinder sich verletzen können. Vor allem Kleinere sind dabei auf die Hilfe eines Erwachsenen angewiesen. Ist erst einmal der Anfang geschafft, brauchen die kleinen Hände nur noch Kraft und Geduld beim Drehen. Nach einer Weile lassen sich die meisten gerne vom Nächsten ablösen!

Jedes Kind fädelt seine selbst durchbohrten Kastanien auf die lange Schnur. Die erste Kastanie, der Schwanz der Schlange, wird durch einen Knoten befestigt. Dahinter bleibt allerdings ein längeres Stück Schnur frei, damit die Schlange später an der Wand oder der Decke befestigt werden kann.

In den Kopf – die letzte Kastanie am anderen Ende der Schnur – werden vorsichtig zwei Löcher als Augen angebohrt. Für das Maul schneidet der Erwachsene eine Kerbe in die Kastanie, in der eine aus rotem Papier ausgeschnittene Zunge gesteckt wird.

Nun kann unsere lange Schlange aufgehängt werden.

Bilder aus getrockneten Blättern

Da Blätter sehr viele verschiedene Formen haben, können wir aus ihnen phantasievolle Figuren zusammenkleben. Wie wäre es mit einem phantastischen *Zoo*, an dem sich alle beteiligen?
Auf unserem Papier wird für die schwimmenden Tiere vorher mit blauer Farbe ein großer Teich angelegt. Die Plätze für die einzelnen Exemplare der Landtiere können wir vorher durch gezeichnete Zäune festlegen, oder sie dürfen sich frei auf großem Gelände bewegen.
Einzelne Teile der Tiere – Augen, Schnabel, Krallen usw. – können mit kleinen Blättern gestaltet, aber auch dazugemalt werden.
Größere Kinder haben sicher Spaß daran, für ihre seltsamen Tiere Namen zu erfinden!
Genauso gut können wir *Bäume* und *Menschen* aus Blättern gestalten, oder aber ein großes *Mandala*, bei dem wir aus der Mitte heraus arbeiten und weniger die verschiedenen Motive im Vordergrund stehen, sondern Muster und Formen.
Viele Ideen wachsen schon beim Sammeln, wenn wir die Vielfalt der verschiedenen bunten Blätter entdecken!

Blätterlaterne

Wenn die Tage dunkler werden, wenn morgens die Sonne später aufgeht oder den ganzen Vormittag hinter dem Nebel verborgen bleibt, tut es gut, nicht nur das elektrische Licht zu nützen, sondern ab und zu auf dem Tisch eine Laterne leuchten zu lassen. Kerzen verbreiten durch ihr sanftes Licht eine schöne und ruhige Stimmung, die sich auch auf die Kinder überträgt.
Eine einfache Laterne entsteht, wenn wir gepresste Blätter in möglichst verschiedenen Formen und Farben auf ein weißes Laternenpapier kleben. Jedes Kind sucht sich sein Lieblingsblatt aus und klebt es auf.
Zum Schluss wird eventuell ein zweiter Bogen als Schutz darüber geklebt.

Das fertige Papier wird um den Boden einer Käseschachtel geklebt, der obere Rand wird mit einem Pappstreifen verstärkt – und fertig ist unsere Laterne für den Tisch. Das Teelicht in ihrer Mitte bringt die bunten Blätter zum Leuchten.

Igel im Blätterhaufen

Vorbemerkung

In Ausnahmefällen setzen wir in der kreativen Arbeit mit den Kindern auch Schablonen ein, so wie hier bei unserem Igelbild. Gerade die Kleinen, die in der Entwicklung noch nicht so weit sind, dass sie erkennbare Tiere zeichnen könnten, sind stolz, wenn ihnen mit diesem Hilfsmittel auch ein Stacheltier gelungen ist. Das Umranden der Igelschablone stellt auch einige feinmotorische Anforderungen an den Zeichner!

Von größeren Kindern werden Pappschablonen in Igelform in verschiedenen Größen, ohne Stacheln, aufgezeichnet und aus fester Pappe ausgeschnitten.
Die Kinder legen die Schablonen auf das Papier und umfahren sie mit einem dicken braunen oder schwarzen Farbstift.
Dann werden kurze Striche als Stacheln um diesen Körper gezeichnet. Vielleicht bekommt der Igel auch noch Auge, Nase und Mund?
Haben alle Kinder ihre Igel gezeichnet, werden um die Tiere herum gepresste Blätter aufgeklebt.
Die Igel auf dem Foto sind allerdings ganz ohne Schablone entstanden! Sie wurden aus braunem Papier ausgeschnitten und auf den grünen Karton geklebt.

Weben mit Naturmaterial

Wir fertigen einen kleinen Webrahmen an, wie es im Kapitel „Wir arbeiten mit textilem Material“ auf Seite 84 beschrieben ist.
Als Webmaterial dient diesmal alles, was wir in der Natur finden und was dafür geeignet ist: Gräser, Stängel, Blumen, lange schmale Blätter, Streifen von Birkenrinde, dünne biegsame Zweiglein usw. Als zusätzlichen Schmuck können wir an den unteren Rand des Rahmens Schnüre binden, an denen wir Steine, Stöckchen usw. befestigen.

Tastbild

Wir arbeiten ähnlich wie bei der *Fundsachen-Collage* auf Seite 33ff. beschrieben auf einer Sperrholzplatte. Als Material verwenden wir aber nur Fundsachen, die wir immer wieder anfassen können, ohne dass sie zerbrechen oder sich von der Unterlage allzu leicht lösen. Wobei „anfassen“ hier immer „tasten“ bedeutet – was stets eine sanfte Angelegenheit vor allem mit den Fingerspitzen ist!

Die raue Rinde der Kiefer neben der glatten der Birke, flache Steine und ein Stückchen weiche Schafwolle, Walnussschalen und Bucheckern, Federn und kleine Zapfen: dies und noch viel mehr kann aufgeklebt werden und danach als Bild an der Wand betrachtet und befühlt werden und Anlass für viele Gespräche, für Entdeckungen und Vergleiche sein.

Fundsachenecke

Auf einem ansprechenden, für die Kinder zugänglichen Regal, einem Fensterbrett oder auf einem schönen Tablett, einem Tuch oder in einer Schale auf dem Tisch werden Fundsachen der Kinder gesammelt. Sie dürfen von allen betrachtet und auch in die Hand genommen werden, sollten aber immer an diesem Platz bleiben, damit sie auch für andere erreichbar sind.
Neu hinzugekommene Dinge können in einem Gesprächskreis vorgestellt und gezeigt werden, manche Gegenstände sind vielleicht Anlass für weitere Beschäftigungen.
Ist solch eine Fundsachenecke, die durchaus als „Schatzecke“ bezeichnet werden kann, eine feste Einrichtung, werden die Kinder mit der Zeit Dinge aufmerksamer betrachten, und mancher, der den Wert von Fundsachen in unserer Konsumwelt zu schätzen verlernt hat, wird diesen vielleicht wieder entdecken.

Fundsachen-Mobile

Dinge, die wir von einem Spaziergang mitbringen, können auch zu einem Mobile zusammengestellt werden. An einem Ast werden die Fundsachen mit dünner Schnur in verschiedener Höhe befestigt. Ein gerader Ast kann dabei genauso schön sein wie der gewundene einer Korkzieherhasel.
Hier spielt es keine Rolle, ob sich das Naturmaterial verändert. Im Gegenteil: es ist reizvoll, wie beispielsweise Ahorn- oder Platanenblätter beim Trocknen die Spitzen nach innen biegen und Bucheckern ihre Schalenteile öffnen.

An der Decke aufgehängt, bewegen sich die Teile unseres Mobiles bei jedem Luftzug, als würden sie leise tanzen.

Weitere Ideen für das Gestalten mit Naturmaterial
im Kapitel „Gemeinsam durch das Jahr“ Seite 33ff.

Wir arbeiten mit Holz

Das Arbeiten mit Holz ist für Kinder spannend und voller Herausforderung, weil dieses Material nicht nur Geschick, sondern manchmal auch alle Kräfte braucht. Außerdem ist Holzarbeit „richtige“ Arbeit, da das gleiche Werkzeug dabei verwendet wird, das auch bei Erwachsenen zum Einsatz kommt: ein Hammer, der bei Kleinen und Großen empfindlich weh tun kann, wenn wir nicht aufmerksam bei der Sache sind, eine Säge, bei der wir uns an den spitzen Zähnen verletzen können, Schleifpapier und Feilen, wie es sie bei jedem Schreiner gibt, und vieles mehr.
Manche Kinder hatten noch nie zuvor eine Säge in der Hand und sind voller Stolz, wenn sie als „Kleine“ wie die Erwachsenen hantieren dürfen.
Schon mit 2- bis 3-Jährigen kann man mit Holz arbeiten. Die Kinder gehen erstaunlich sorgsam um – auch mit sich selbst. In meiner jahrelangen Arbeit hat sich noch nie ein Kind verletzt. Neben der Aufmerksamkeit des Erwachsenen, die immer beim Geschehen am Werktisch bleiben sollte, sind strenge Regeln für den Umgang mit dem bei unsachgemäßer Verwendung durchaus gefährlichen Werkzeug äußerst wichtig und dringend einzuhalten. Die Regeln für das Arbeiten mit Holz finden Sie auf Seite 28f.

Ein Baumstamm als Werkbank

Wenn wir die Möglichkeit haben, einen Baumstamm für unseren Garten zu bekommen, steht uns für lange Zeit ein Werkplatz zur Verfügung, an dem je nach Länge mehrere Kinder gleichzeitig arbeiten können. Das Material – unser Stamm – muss lediglich durch Keile oder Eingraben vor dem Wegrollen gesichert werden. Ansonsten brauchen wir weder Schraubstock noch Zwingen oder starke Hände zum Festhalten des Holzes.
Auf ausreichenden Sicherheitsabstand ist unbedingt zu achten! Sind die Kinder noch nicht erfahren, selbständig und verantwortlich genug beim Arbeiten mit Holz, sollte auf jeden Fall immer ein Erwachsener die Aktion beaufsichtigen.

An unserem Baumstamm können wir sägen, bohren, raspeln, feilen und ihn mit Stemmeisen und Holzhammer bearbeiten. Die Kinder bekommen durch dieses großzügige und freie Arbeiten Sicherheit im Umgang mit dem Werkzeug, entwickeln Selbstbewusstsein und sind stolz darauf, „richtige Arbeiter“ zu sein.

Wir bearbeiten einen Ast

An einem kräftigen längeren Ast können zwei Kinder gleichzeitig arbeiten, jeder an einer Seite. Auf gute Befestigung muss hier unbedingt geachtet werden.
Die Rinde kann mit dem (Kinder-)Schnitzmesser abgeschält werden, mit der Feile entstehen Kerben, wir bohren Löcher, um kleine Stöckchen oder Gräser durchzustecken.
Nach Wunsch bemalen wir den Ast mit bunten, wetterfesten Farben. Achten Sie darauf, dass der Ast vor dem Bemalen nicht mehr frisch, sondern gut getrocknet ist, da sonst die Farbe abblättern kann. Im Garten eingegraben oder in einem großen Blumentopf neben dem Eingang schmückt dieses Werkstück unseren Bereich. Wir können den Ast je nach Jahreszeit dekorieren, im Frühling mit bunten Bändern, im Sommer mit Blumen, im Herbst mit Kastanienketten und im Winter mit Meisenknödeln und Äpfeln für die Vögel.

Bilderlatte

Wir besorgen uns vom Schreiner Holzreste: kleine Bretter oder Sperrholzabschnitte. Sie werden nach Bedarf an den Kanten mit Schleifpapier geglättet.
Jedes Kind bemalt ein Brett ganz nach Belieben. Das Holz wird zuerst einfarbig grundiert, damit die Farbe später nicht verläuft. Nach dem Trocknen werden Muster oder Motive aufgemalt.
Die einzelnen Bilder werden auf eine stabile Latte oder auf Vorder- und Rückseite eines Vierkantholzes geleimt und genagelt, je nachdem, ob die Bilderlatte an der

Wand befestigt werden oder frei stehen soll. Im zweiten Fall wird sie auf eine stabile Platte geschraubt oder in einem großen Blumentopf befestigt. Im Garten wird sie etwa einen halben Meter eingegraben, nachdem sie mit Klarlack wetterfest gemacht wurde.

Gartenskulptur

Auch hierfür bitten wir einen Schreiner um Holzreste, die diesmal alle Formen und Stärken haben können.
Die Kinder suchen sich jeweils ein Stück aus und bearbeiten es zusätzlich: es wird gesägt, gebohrt, gefeilt, geschliffen, es können zusätzlich Klötzchen darauf genagelt oder Teile angebunden werden. Je verschiedener die Einzelteile sind, umso interessanter und schöner wird unsere Skulptur!
Wir können die Werkstücke anschließend bunt anmalen – aber auch „in Natur" wirkt unsere Skulptur, da die Formen und die verschiedenen Bearbeitungsweisen besonders gut zur Geltung kommen.
Die einzelnen Teile werden auf ein Vierkantholz geleimt und genagelt oder geschraubt.
Wie bei der „Bilderlatte" (siehe oben) beschrieben, kann auch diese Gestaltung im Innenraum oder im Garten ihren Platz finden.

Bauklötze

Auch wenn bei dieser Arbeit die Phantasie nicht sonderlich gefordert ist, macht es vielen Kindern doch großen Spaß, sich einfach handwerklich zu betätigen und den Erfolg ihrer Kraft und Geschicklichkeit zu erleben. Außerdem ist Spielzeug, das wir für unsere Gruppe selbst herstellen, etwas ganz Besonderes!
Unsere Aktion „Bauklötze sägen“ kann sich über längere Zeit erstrecken, jeder, der dazu Lust hat, macht mit. Haben wir eine Werkbank ständig zur Verfügung, können die größeren Kinder selbstständig daran arbeiten. Nach und nach wird unser Vorrat an Klötzen immer größer.
Wir verwenden Fichtenholzlatten, z.B. 18 x 40 mm, es können aber natürlich auch Lattenreste verschiedener Stärke und Breite verwendet werden. Fichtenholz ist zwar nicht so hart wie etwa Buche, dafür aber leichter zu bearbeiten.
Die Kinder sägen Klötze in verschiedener Länge. Die fertig gesägten Abschnitte werden sorgfältig geschliffen – eine wohltuende Beschäftigung, wenn Kinder Ruhe brauchen und trotzdem etwas tun möchten.
Nach Wunsch werden die Klötze bunt lasiert und eventuell noch lackiert. Dabei sollte unbedingt auf umweltfreundliche und für Kinder unbedenkliche Farben und Lacke geachtet werden.

Dominospiel

Die Kinder sägen aus Leisten (z.B. 8 x 30 mm) Stücke von etwa 6 cm ab. Die Abschnitte werden mit schwarzer oder weißer Farbe grundiert. Jeweils eine Fläche wird wie beim üblichen Dominospiel durch eine Linie geteilt und mit Würfelpunkten bemalt.

Variation

Ebenso kann ein Farb-Domino entstehen, bei dem statt der „Zahlenpunkte“ große Punkte in den Farben Rot, Gelb, Grün, Blau, Lila, Orange aufgemalt werden.

Eine Sonne für unseren Garten

Wenn in unserem kleinen Garten im Frühling noch keine Kräuter wachsen und keine Blumen blühen, leuchtet doch schon verheißungsvoll unsere Sonne aus Holz, die wir zusammen gebaut haben.
Der Erwachsene sägt mit der Stichsäge aus einem Brett eine Holzscheibe aus, z. B. Durchmesser ca. 18 cm, 15 mm stark.
Eine Holzleiste, 15 x 15 mm, ca. 1 m lang, legen wir zur Seite.
Aus den anderen Holzleisten, ca. 6 mm stark und 2 bis 3 cm breit, sägen die Kinder jeweils Stücke von etwa 20 bis 30 cm ab. Unterschiedliche Längen machen die Gestaltung lebendiger! Genau so können aber auch Reste verwendet

werden, die verschiedene Stärken haben dürfen. Ohnehin sind alle Maßangaben nur Vorschläge – je nach Materialvorrat und eigenen Ideen können Sie beliebig variieren!
Jede Leiste wird nach dem Schleifen an einem Ende etwa 4 cm breit mit Leim bestrichen, auf den Rand der Holzscheibe gelegt und mit 2 kleinen Nägeln befestigt. Beim Arretieren der Nägel muss der Erwachsene oft helfen, das Hämmern schaffen die meisten Kinder sehr gut alleine!
An einer Stelle wird die längere Leiste in gleicher Weise befestigt, allerdings bis zur Mitte der Sonnenscheibe hinein. Sie wird später in den Boden gesteckt.
Nach dem Trocknen werden die Sonne und ihre Strahlen mit gelber Farbe angemalt.

Tannenbaum

Beim Bauen dieses immergrünen und garantiert nie nadelnden Tannenbaums halfen kleine und große Kinder in unserer Gruppe mit.
Beim Sägen das Holzstück mit festhalten, das Werkzeug beaufsichtigen, wenn es gerade nicht gebraucht wird, in der Pause das Sägemehl zusammenfegen, gute Ratschläge aus eigener Erfahrung geben und geduldig zuschauen, bis man selbst an der Reihe ist – das alles kann neben der „eigentlichen“ Arbeit eine durchaus reizvolle Beschäftigung sein.
Wir brauchen eine stabile Bodenplatte, ein Vierkantholz (4 x 4 cm) je nach gewünschter Höhe (z. B. 80 cm lang) und Holzleisten, auch Reste verschiedener Stärke.
Die Kinder sägen die Leisten in unterschiedliche Längen. Die Abschnitte werden geschliffen und grün angemalt.
Nun werden die Latten mit kleinen Abständen an eine Seite des ebenfalls grün gestrichenen Vierkantholzes geleimt und genagelt. Danach wird die Bodenplatte von unten gegen den Tannenbaum geschraubt.

Auf dem oberen Ende des Vierkantholzes befestigen wir mit Schrauben oder Nägeln den Schraubdeckel eines Glases (z. B. Marmeladenglas). Er dient als Untersetzer für eine Stumpenkerze.

Wenn wir möchten, können wir unseren Tannenbaum noch schmücken. Den Kindern unserer Gruppe hat er allerdings schlicht und unverhüllt am besten gefallen!

Auch als Adventskalender eignet sich der Tannenbaum. An die „Äste“ werden Geschichten, Lieder, Spielvorschläge (als Papierrollen) oder andere Überraschungen gehängt.

Weitere Ideen für Holzarbeiten

im Kapitel „Gemeinsam durch das Jahr“ der *Gartengeist* auf Seite 46 und im Kapitel „Gemeinsam gestalten – drinnen und draußen“ auf Seite 108: *Wir bauen eine Krippe*.

Gemeinschaft gestalten – drinnen und draußen

Mit unserer Kindergruppe zusammen leben wir Tag für Tag unsere Gemeinschaft. Der Raum, in dem wir die Zeit miteinander verbringen, spiegelt unsere Gemeinschaft, und wir prägen ihn mit dem, was wir im Alltag tun.
So gestalten wir auch miteinander unsere eigene, ganz persönliche Umgebung, das Zimmer und den Garten, und wir erleben die Feste des Jahreskreises in besonderer, verbindender Weise.

Wir schmücken unseren Raum

In dem Raum, in dem wir, Erwachsene und Kinder, unseren Alltag zusammen verbringen, wollen wir uns wohl fühlen.
Auf dem Fensterbrett und auf dem Schrank stehen Pflanzen. Sie bringen etwas Lebendiges in unsere Umgebung, sie verbessern das Klima, werden gepflegt und in ihrem Wachsen und Wandel beobachtet. Ein gemeinsam gemaltes Bild ist das Schmuckstück für unseren Gruppenraum.
Nur hin und wieder hängen Werkstücke von der Decke, und auch die Fenster sind bei uns nicht immer gestaltet, da uns der Blick nach draußen – ob in den Garten oder auf eine belebte Straße – wertvoll ist. Wie viel können wir dort entdecken! Diese Eindrücke wollen wir uns nicht ständig durch beklebte Fensterscheiben nehmen lassen. Wir sollten sehr wohl zwischen „gemütlicher Stimmung" und gedämpfter Atmosphäre, die weder Kindern noch Erwachsenen gut tut, unterscheiden. Wir müssen weder nach außen hin sichtbar machen: hier ist ein Kindergarten, noch müssen wir unsere „Produktivität" beweisen und darstellen.

Kinder brauchen Platz, zum Spielen, zum Atmen, zum Schauen, zum Erfinden. In einem Raum, der für Körper, Geist und Seele zu eng ist, wird Kreativität nicht wachsen können und freie Entfaltung nur schwer möglich sein.
Leider schmücken viele Erwachsene mit großer Begeisterung und oft unter Einsatz von Schablonen und sehr exakter Arbeitsweise die Räume für Kinder. Abgesehen davon, dass vieles an Dekoration überflüssig ist und den Raum nicht wirklich „wohnlich“ macht, sollten wir – wenn überhaupt – gemeinsam mit den Kindern schmücken und sie bei der Gestaltung nicht nur einbeziehen, sondern in erster Linie ihre Kreativität nützen und ihre Ideen aufgreifen. Wir sollten dabei eine Ausarbeitung zulassen, die – entsprechend den Fähigkeiten der Kinder – weniger „perfekt“ ist, dafür aber umso abwechslungsreicher und lebendiger.

Schmuck für unser Fenster

Grundsätzlich kann man jedes Fenster als Gestaltungsfläche für ein Gemeinschaftsbild nützen. Viele Kindergärten legen großen Wert darauf, dass von außen weithin sichtbar ist: Hier verbringen Kinder ihren Tag – hier wird gebastelt!
Allerdings bin ich der Meinung, dass das Tageslicht meist ungehindert durch die Scheiben fallen und nicht durch allzu viel Dekoration abgedämpft werden sollte. Einzelne kleinere oder zeitmäßig begrenzte Gestaltungen an den Fenstern werden durch das einfallende Sonnenlicht zum Leuchten gebracht, vor allem, wenn man Transparentpapier verwendet, und tauchen Teile des Raumes in farbiges Licht. „Zugeschmückte“ Fenster dagegen bedrücken und machen unruhig.

Neben dem Vorschlag aus getrockneten Blättern (Seite 88) und dem Adventskalender (Seite 110) soll hier nur unser Haus aufgeführt werden.

Ein Haus mit vielen Fenstern

Auf einem großen Stück Fotokarton zeichnen wir die einfache Grundform eines Hauses auf und schneiden sie aus.

Jedes Kind zeichnet eine beliebige Fensterform (viereckig, rund, Bogenfenster usw.) und prickelt die Umrisse aus. Mit einer so genannten Prickelnadel werden sehr dicht auf den Linien Löcher gestochen, so dass man zum Schluss die gesamte Form herausdrücken kann. Die Öffnung wird mit einem Stück buntem Transparentpapier hinterklebt.
Wird das fertige Haus an einer Fensterscheibe, z. B. an der Eingangstür, befestigt, leuchten seine vielen verschiedenfarbigen Fenster und heißen den, der von draußen hereinschaut, willkommen.

Unser Tisch

Wichtig ist unserer Gruppe, dass der Tisch, an dem wir gemeinsam essen, eine schöne Mitte hat. Wenn wir die Kinder hier einbeziehen, wenn sie mithelfen beim Dekorieren und auch eigene Ideen einbringen dürfen, wenn also zusammen geplant und geschmückt wird, ist der Tisch nicht nur Treffpunkt für das gemeinsame Essen, sondern ein von allen vorbereiteter Ort, an dem wir gerne zusammenkommen.

Einfarbige Tücher oder Deckchen, Kerzen, Blumen je nach Jahreszeit machen einen einfachen Tisch festlich. Fundstücke aus der Natur, Halbedel- oder Muggelsteine oder auch kleine Bastelarbeiten können zusätzlich auf dem

Stoff arrangiert werden. Auf jeden Fall sollte die Gestaltung aber nicht überladen sein und die Kinder nicht durch zu viele Dinge ablenken. Einladend, aber nicht ausufernd sollte die Mitte des Tisches in unserer Gemeinschaft wirken.

Laterne

An dunklen Tagen, vor allem in der Herbst- und Vorweihnachtszeit, leuchtet auf unserem Tisch manchmal eine Laterne, die zum Beispiel ähnlich wie das „Haus mit vielen Fenstern“ gestaltet wird.
In die aufgezeichnete und ausgeschnittene Hausform aus Fotokarton werden kleine Fenster geprickelt und mit Transparentpapier hinterklebt. Mit Hilfe der Falze wird das Haus fertig gestellt.
In der Mitte unseres Hauses findet eine Kerze ihren Platz. Aus Sicherheitsgründen steht sie in einem Glas
Für die Adventszeit können wir auch Sterne als Motive ausprickeln und freuen uns über ein „Sternenhaus“.

Variation

Blätterlaterne im Kapitel „Wir arbeiten mit Naturmaterial“ auf Seite 88.

Kreuz und quer durch unseren Raum

Zum Fasching gehören einfach Girlanden dazu. Für einige Tage, jedoch weder vom 11.11. an noch gleich nach Dreikönig, sieht es in unserem Gruppenraum kunterbunt und ruhig ein bisschen üppiger geschmückt aus.
Da leere Klorollen, ein vielseitiges Spiel- und Bastelmaterial, bei uns nie Mangelware sind, sind die folgenden beiden Vorschläge eine gute Möglichkeit, wieder einmal Platz in unserer Vorratskiste zu schaffen.

Tausendfüßler

Aus bunt bemalten Klorollen, die wir auf eine lange Schnur fädeln, entsteht unser Tausendfüßler. Wir spannen ihn unter der Decke quer durch den Raum.
Die Füße schneiden wir aus Fotokarton aus. Es können auch einfach nur Pappstreifen sein – wer weiß schon, welche Form Tausendfüßlerfüße eigentlich wirklich haben? Wir kleben sie jeweils paarweise auf beide Seiten jeder Rolle.
Als Kopf kleben wir eine Styroporkugel, mit Gesicht versehen, vor die erste Klorolle. Oder: Wir knüllen alte Zeitung oder Servietten zu einem Ball, binden eine weitere einfarbige Serviette oder anderes weiches Papier darüber und stecken den so entstandenen „Hals" – nachdem unser Kopf ein Gesicht bekommen hat – in die vorderste Klorolle und kleben ihn eventuell fest.

Faschingsgirlande

Als Variation können wir in der Faschingszeit jeweils einen bunten Kreppstreifen (etwa 50 bis 80 cm lang) durch eine bemalte Klorolle ziehen, so dass aus jeder Öffnung gleich lang der Papierstreifen nach unten hängt. Dann werden die bunten Rollen aufgefädelt.

Weitere Ideen für Raumschmuck

Kastanienschlange und *Herbstgirlande* im Kapitel „Wir arbeiten mit Naturmaterial" auf Seite 86f. Sowie diverse Bilder und Wandbehänge in den Kapiteln „Wir arbeiten mit Papier und Pappe" und „Wir arbeiten mit textilem Material".

Ideen für den Garten

Einen Garten gemeinsam anlegen, in dem jeder einmal graben, Steine klauben, rechen, säen und pflanzen, gießen und ernten darf, verbindet eine Gruppe. „Mein" und „dein" wachsen zusammen, überwuchern sich vielleicht und sind nicht mehr auseinander zu halten.
Nicht jeder hat einen großen Platz im Freien, bei dem solche Aktionen möglich sind. Aber auch ein kleiner Garten bietet Raum für gemeinsame Aktivitäten.
Wir können draußen außerdem auch malen und kleistern, unsere Holzwerkstatt ins Freie verlegen, wo Hammerkrach und Sägestaub ohnehin weniger stören.
Ein kleiner Garten wird attraktiv und interessant, wenn wir den langweiligen Zaun verschönern oder kahle Ecken, in denen nichts wächst, mit eigenen Werken schmücken.

Wir bemalen einen Zaun

Jedes Kind bemalt ein Brett für unseren Holzzaun. Vielleicht spenden die Eltern das Material?
Bevor wir anfangen, muss geklärt werden, ob jeder frei malen soll oder ob es ein Thema als Orientierung gibt (z. B. Tiere und Blumen, Kinder, Landschaft mit Bergen, Bäumen und Häusern, Feuer, Wasser, Luft und Erde).
Die Kinder entwerfen in diesem Fall auf Papier Bilder nach ihren Vorstellungen. Ein Erwachsener vergrößert die Skizzen dann auf das Holz, und die Kinder setzen sie mit bunter Farbe um.
Jüngeren Kindern macht es Spaß, ein Brett einfach mit dem Pinsel anzustreichen, z. B. blau als Wasser oder Himmel.
Sicher finden sich Eltern, die die Bretter schließlich wetterfest lackieren und als Zaun befestigen.
Die Kinder werden in Zukunft ihre Einrichtung bestimmt mit noch mehr Stolz als zuvor betreten!

Blumentopfturm

Jedes Kind bemalt einen Blumentopf aus Ton (Durchmesser ca. 10 bis 15 cm) mit Farben und Muster nach eigenem Wunsch. Es dürfen auch gebrauchte Blumentöpfe verwendet werden. Allerdings sollten sie keine Sprünge haben und sauber sein! Eine Lackierung mit Klarlack erhöht die Wetterfestigkeit.
Wir besorgen im Baumarkt eine Eisenstange, die standfest in die Erde gesteckt wird. Nun „stapeln“ wir die bunten Blumentöpfe auf die Stange, und zwar so, dass jeweils im Wechsel Boden auf Boden und oberer Rand auf oberen Rand trifft, damit die Töpfe nicht ineinander rutschen. Auf einigermaßen gleiche Größen hintereinander ist dabei zu achten.

Ein Zelt aus Zeitungspapier

Anlässlich eines Indianerfestes bauten wir in unserem Garten ein Zelt aus Zeitungspapier auf. Das Gerüst aus Holzstangen in der Art eines Tipis hatten ein paar Väter vorbereitet und im Boden befestigt. Zwischen den Holzstangen wurden Schnüre als „Streben“ gespannt. Der Zeltbau konnte beginnen!

Alte Zeitungsblätter werden über die Schnüre gehängt und mit Kleister verschmiert, so dass das Zelt eine dünne Haut bekommt. An der Spitze müssen große Erwach-

sene die Arbeit übernehmen, im unteren Teil dürfen die Kinder nach Herzenslust matschen. Selbstverständlich darf der Eingang nicht vergessen werden!
Bei schönem Wetter trocknet die erste Schicht rasch. Es wird in mehreren Schichten weitergeklebt, bis die Zeltwand stabil genug ist oder die „Arbeiter“ erst einmal die Lust verlieren. Bei unserem Fest klebten aber genug Erwachsene voller Begeisterung weiter!
Auch wenn das Zelt noch nicht fertig ist, kann es schon einmal „probebewohnt“ werden. Soll es allerdings eine Weile auch dem Regen standhalten, muss es gut durchtrocknen und dann lackiert werden.

Spielzeug für den Wind

Am Baum vor unserem Fenster können wir beobachten, ob der Wind die Zweige bewegt, der Sturm die Äste schüttelt oder ob es windstill ist. Der Wind spielt mit den Blättern und wirft Dürres vom Baum in den Garten.
Aus diesen Beobachtungen und Experimenten mit Klang und Geräuschen entstand die Idee, ein „Spielzeug“ für den Wind zu bauen.

Die Kinder werden aufgefordert, von zu Hause Dinge mitzubringen, die klappern und klingen, wenn man daran schlägt: vor allem Abfallmaterial wie Dosen, Deckel, Kronkorken, verschiedene Metallteile, Zimmermannsnägel usw.
In unserer Gruppe probieren wir alle Klänge noch einmal aus und überlegen, wie wir sie aneinander binden und an einem Astabschnitt befestigen können, den wir dann in den Baum hängen wollen. Mit Hammer und einem dicken Nagel schlagen wir Löcher in die Kronkorken, Deckel und Dosen. Als Unterlage dient dabei ein Brett. Vorsicht, damit sich niemand am Dosenrand oder den Löchern verletzt! Mit stabiler Schnur oder Nylonfaden werden die verschiedenen Teile aneinander und an das Aststück gebunden.
Wir hängen das „Spielzeug“ an den Baum und warten gespannt auf den nächsten Wind.

Weitere Ideen für den Garten
in den Kapiteln „Gemeinsam durch das Jahr" Seite 46ff., „Wir arbeiten mit textilem Material" Seite 83ff. und „Wir arbeiten mit Holz" Seite 93ff.

Ideen für die Adventszeit

Gerade die Adventszeit ist voller Gelegenheiten, Gemeinschaft ohne Konkurrenz zu erleben – vorausgesetzt, wir lassen uns nicht durch die leider weit verbreitete Vorweihnachtshektik und die scheinbar unvermeidlichen Verpflichtungen davon abhalten, eine schöne Zeit im guten Miteinander zu verbringen. Gemeinsam singen, vorlesen, erzählen und backen macht allen Kindern Spaß. Wieso müssen wir – oft unter Zeitdruck – ein Geschenk für die Eltern produzieren? Könnte ein Tütchen mit Selbstgebackenem, in einer Gruppenaktion entstanden, oder die Einladung zu einem kleinen Sternenfest nicht den gleichen Zweck erfüllen und mindestens ebenso viel Freude bereiten?

Wir bauen eine Krippe

Eine Krippe (oder besser gesagt: eine Krippenlandschaft) als Vorbereitung auf die Adventszeit kann uns im November tagelang beschäftigen.
Bauen wir aus Brettern einen Stall? Brauchen wir einen „Bauplan" dazu? Oder versuchen wir, aus den Holzresten, die wir haben oder organisieren können, etwas Passendes zu leimen und zu nageln? In unserer Gruppe – mit ein paar handwerklich erfahrenen Fünfjährigen – hat das prima funktioniert!
Sicher ist es erst einmal gut, wenn sich der Erwachsene zurückhält und den Kindern die Planung, Konstruktion und Fertigstellung, so weit es möglich ist, selbst

überlässt. Kinder beweisen erstaunlich viel Geschick, Ideenreichtum und Teamgeist, wenn man ihnen das alles zutraut!

Anregung für ein einfaches Krippenhaus aus fünf Brett-Abschnitten

Wir verwenden dafür Holzreste, die auf den ersten Blick gar nicht unbedingt zusammen passen müssen. Lassen Sie die Kinder probieren, planen und kreativ werden. Trauen Sie es ihnen zu! Oft entwickeln sich dabei Ideen, die bei vorbestimmten Bauplänen nie entstehen können.
So haben es unsere „Großen“ gemacht:
Auf die Bodenplatte werden an drei Seiten Bretter geleimt und genagelt. Das fünfte Brett kommt als Dach darüber. Je nach gleicher oder unterschiedlicher Höhe der Seitenbretter wird das Dach gerade oder schräg.
Mit Rindenstückchen, kleinen Zweigen, Moos, Stroh usw. wird das Gebäude verkleidet und der Boden ausgelegt. Zum Teil befestigen wir die Dinge mit Holzleim.
Eine **Krippenlandschaft** entsteht, wenn wir auf einen Tisch, ein niedriges Fensterbrett oder einen Platz am Boden, der unseren Spielraum nicht beeinträchtigt, ein grünes oder braunes Tuch breiten, den Stall darauf stellen und aus Steinen, Moos, Rinde, Ästen und anderem Naturmaterial die Umgebung gestalten. Es entsteht ein Weg zur Krippe, die Weide für die Schafe, vielleicht ein Wald, ein Berg, ein Teich.

Statt eines genagelten Stalles können wir auch bei einem Waldspaziergang nach einem kleinen Wurzelstock oder größeren Rindenstücken Ausschau halten, aus denen wir eine **Krippenhöhle** auf unserer Landschaft aufbauen.

Natürlich darf mit „unserer“ Krippe auch gespielt werden. Jede Menge Tiere und Figuren laden dazu ein. Es darf verändert, aber nicht zerstört werden, und alles, was eventuell zum Spielen an einen anderen Ort gebracht wird, z. B. die Tiere in die Bauecke, wird achtsam behandelt und danach wieder zur Krippe zurückgebracht.

Als **Figuren** können wir einfache Figuren aus Holz (z. B. von Ostheimer) oder von größeren Kindern selbst gefertigte Tonfiguren verwenden. Auch aus Filz und Wolle, aber auch aus Pappe können passende Figuren hergestellt werden.

Adventskalender

Ein Adventskalender gehört für Kinder (und inzwischen auch für viele Erwachsene) zur Vorweihnachtszeit wie Adventskranz und Lebkuchen. Leider bleibt es oft nicht bei einem: einer von den Eltern, einer von der Oma, einer von der Patin ... So verliert die Idee, das Warten bis Weihnachten leichter zu machen, an Besonderheit. Süßigkeiten und kleine Geschenke treten in den Vordergrund und verlieren gleichzeitig durch die Fülle an Wert.

Für unseren Kindergarten haben wir uns deshalb schon vor vielen Jahren entschlossen, auf den üblichen Adventskalender, den meist die Gruppenbetreuer basteln, zu verzichten. Stattdessen gestalten wir gemeinsam mit den Kindern einen Kalender, der Tag für Tag ein Stück wächst.
Vorbereitet wird der Adventskalender nicht gemeinsam mit den Kindern, sondern am Tag vorher nur von den Erwachsenen, da ja alles eine Überraschung sein soll!

Das bereiten wir vor:

Der Anzahl der Kinder entsprechend werden Sterne aus gelbem Fotokarton ausgeschnitten, ca. 6 cm Durchmesser. Auf jeden Stern wird der Name eines Kindes geschrieben.
Aus einem Körbchen mit diesen Sternen wird ab dem 1. Dezember jeden Tag ein „Adventskind“ gezogen. Das „Adventskind“ gestaltet einen Bereich des Adventskalenders und steht auch sonst an diesem Tag mehr als sonst im Mittelpunkt, z. B. darf es die Kerzen am Adventskranz ausblasen.

Adventsfenster

Das bereiten wir vor:

Ein großes Fenster wird mit rotem Klebeband in gleichmäßige Felder unterteilt (6 x 4 = 24). Bei einer kleineren oder größeren Zahl von Kindern kann die Anzahl der Felder variiert werden, z. B. 3 x 5 = 15, oder zwei Kinder gestalten gemeinsam ein Feld. Es geht dann nicht in erster Linie um die Zahl 24 (24. Dezember = Heiligabend), sondern eher darum, dass dann Weihnachten ist, wenn alle Felder unseres Kalender ausgefüllt sind und damit jedes Kind einmal „Adventskind“ war. Für uns im Kindergarten stimmt das allerdings auch nicht immer ganz, wenn die Ferien schon vorher beginnen. Wichtig ist einfach, dass Weihnachten, auf das wir uns so sehr freuen, jeden Tag ein Stück näher rückt, und dass unser gemeinsamer Kalender uns in dieser Zeit begleitet.

Jedes Kind gestaltet ein Feld mit einem Motiv, das es sich auswählt: einen Stern oder ein anderes Weihnachtssymbol wie Tannenbaum, Kerze, Christbaumkugeln, Lebkuchen, Nikolausstiefel usw. Es kann gemalt, geschnitten und geklebt oder je nach Phantasie der Kinder gearbeitet werden. Manche Kinder werden auch die Anregung durch Erwachsene brauchen – aber auch dabei sollte immer genug Freiraum für die Kinder gegeben sein!

Die Motive werden mit Doppelklebeband oder Kleister in die Fensterfelder geklebt.

Variation

Wir gestalten für das Fenster nur Sterne in den verschiedensten Techniken.

Adventsdorf I

Jedes Adventskind schneidet aus Fotokarton ein kleines Haus aus und klebt ein Dach und gelbe Fenster auf.
Dieser Vorschlag ist auch schon für Kleine gut geeignet, da die Formen sehr einfach sind und mit wenig Erfahrung und mit geringer Hilfe ausgeschnitten werden können.
Mit Tesafilm an unser Fenster oder auf einen Karton/ein Tuch an der Wand geklebt, leuchten die Häuser für uns, und das Adventsdorf wächst Tag für Tag.

Adventsdorf II

Der Erwachsene bereitet verschiedene Haus-Grundformen *(zum kostenlosen herunterladen bei DON BOSCO)* vor.

Große Kinder können sicher auch eigene Häuser entwerfen und besondere Giebelformen entwickeln.
Die Kinder schneiden die Häuser aus Goldpapier aus. Jetzt werden mit Hilfe der Prickelnadel Fenster ausgestochen. Kleine Kinder dürfen das Haus auch nach Belieben einfach „löchern“.
Die Form wird geknickt und am Falz zusammengeklebt. In die Mitte des Häuschens stellen wir ein Glas mit einem Teelicht, das durch die Fenster leuchtet.
Diesmal wächst unser Dorf auf einem Tisch oder auf einem breiten Fensterbrett. Als Vorbereitung bauen wir mit den Kindern eine Landschaft auf, mit grünen und braunen Tüchern, Rinde, Zapfen, Steinen usw. Natürlich brauchen unsere Häuser hier einen sicheren (nicht brennbaren!) Platz, z. B. auf flachen Steinen.

Sternenhimmel

Ein großer dunkelblauer Karton hängt an der Wand und wird jeden Tag mit einem leuchtenden Stern, vom „Adventskind“ individuell gestaltet, geschmückt, bis unser ganzer „Himmel“ hell erstrahlt.

Variationen

- Wir verkleiden die Zimmerdecke oder einen Teil davon mit dunkelblauen Tüchern. Die Sterne werden an den Stoff geheftet oder hängen an Fäden herunter.
- Aus dunkelgrünem Fotokarton kleben wir einen großen Tannenbaum an die Wand. Jeden Tag schmückt ihn ein neuer Stern, bis er ein richtiger Weihnachtsbaum geworden ist.
- Die Sterne werden nach und nach an einen Ast gebunden, der über unserem Esstisch hängt. Ergänzt durch eine kleine Lichterkette, glitzern und leuchten sie, wenn sie sich drehen.

Weitere Ideen für die Adventszeit
Sternenhimmel im Kapitel „Gemeinsam durch das Jahr“ auf Seite 36, *Wandbehang Schafe und Schäfer* im Kapitel „Wir arbeiten mit textilem Material“ auf Seite 80, *Tannenbaum* im Kapitel „Wir arbeiten mit Holz“ auf Seite 98 und *Laterne* im Kapitel „Wir schmücken unseren Raum“ auf Seite 103.

Legebilder

Eine besondere Art von Gemeinschaftsarbeiten sind Legebilder, die auf dem Boden entstehen.
Legebilder können wir immer dann gestalten, wenn wir in unserer Gruppe gemeinsam etwas ausdrücken wollen: Freude und Dankbarkeit, aber auch Traurigkeit, wenn wir zum Beispiel jemanden verabschieden. Wir können für jemanden, der lange krank war, ein Bild als Willkommensgruß legen. Wir können den Wechsel der Jahreszeiten durch eine Gestaltung bewusst machen.
Wenn wir mit unserem Bild ein Fest verbinden, wenn wir im Kreis zusammen singen, Brot oder Kuchen teilen oder eine Kerze von einem zum andern weiterreichen, wird das Gefühl für unsere gute Gemeinschaft noch verstärkt.

Viele Impulse zu Legebildern habe ich durch den Religionspädagogen Franz Kett erhalten, der das Legematerial entwickelt hat und über den RPA-Verlag vertreibt. Vor allem in christlich orientierten Kindergärten, im Religionsunterricht und in Familiengottesdiensten wird es eingesetzt. Aus der Begegnung mit Franz Kett und seiner religionspädagogischen Arbeit entstanden in meinem Alltag im Kindergarten viele neue Ideen für das Material und die Gelegenheiten, bei denen wir Legebilder gestalten.

Das Kett-Legematerial besteht aus Tüchern, kleinen geometrischen Holzformen und Filzteilen in den Grundfarben, aber auch aus goldfarbenen Holzkugeln, Muggelsteinen, Perlen, Seilen, Halbedelsteinen und anderem.
Ebenso kann eigenes Material verwendet werden, das aber immer klar und einfach sein sollte, um der Kreativität der Kinder genug Raum zu geben. Aus farbiger Pappe und Filz können Formen ausgeschnitten werden, Schnüre, Schleifenbänder und Naturmaterial ergänzen unser Angebot.

Genauso kann aber auch nur mit Dingen aus der Natur gearbeitet werden.
Wenn die Kinder draußen Gräser und Blätter, Zapfen, Stöckchen, Blumen und Steine, Schneckenhäuser, Samen, Rinde und vieles mehr selbst sammeln und dann auf glattem Erdboden, im Wald oder am Wegrand, ihr Bild wachsen lassen, wird die Gestaltung etwas ganz Besonderes und Einmaliges.
Wir können sie zum Schluss zwar nicht mitnehmen, aber wir müssen auch nichts aufräumen. Wir können nach einigen Tagen nachsehen, wie sich unser Bild verändert hat, was verwelkt ist und vielleicht immer noch schön aussieht. Es kann auch sein, dass sich Tiere an unserem „Gabentisch" bedient haben.

Bei der Gestaltung mit Legematerial im Raum sind für mich noch einige Dinge wesentlich:

- Mit dem Material wird achtsam umgegangen. Es dient nicht als zusätzliches Spielmaterial, sondern ist nur für diesen besonderen Anlass gedacht.
- Beim Gestalten muss zwar nicht geschwiegen werden, aber auf Ruhe, Aufmerksamkeit und Behutsamkeit sollte immer geachtet werden. Vielen Kindern fällt das schwer; leise Meditationsmusik oder einfaches Begleiten durch den Erwachsenen (Gitarre, Flöte, leises Singen oder Summen ...) kann dabei sehr hilfreich sein und das Besondere dieser Arbeit unterstreichen.
- Unsere Gestaltung, die immer auf dem Boden entsteht, hat eine Mitte, um die sich das Bild entwickelt. Diese Mitte kann mit einer Kerze geschmückt werden, die in christlichen Kindergärten als Symbol für Jesus, das Licht der Welt, gesehen wird. Aber auch eine Blume oder, je nach Thema, ein besonderer, wertvol-

ler Gegenstand oder ein Bild, das für uns in diesem Zusammenhang Bedeutung hat, kann die Mitte bilden. Wertvoll ist hier nicht im materiellen Sinn zu verstehen, sondern heißt: „Was ist für mich, für uns wichtig?“ „Was liegt mir oder uns am Herzen?“

- Von dieser Mitte aus können Strahlen nach außen gehen, Pappstreifen, Schleifenbänder, Schnüre, aber auch Linien aus kleinen Steinen, an deren Enden die Kinder ihr eigenes Bild gestalten.

Bevor wir mit der Gestaltung der eigenen Bilder beginnen, erhält jedes Kind ein kleines Tuch, die begrenzte Fläche für seine Arbeit, für das es um die Mitte einen Platz aussucht. Bei manchen Themen stellt das Kind ein Teelicht als eigene Mitte auf sein Tuch.

Gerade bei dieser Art von Gestaltung können neben der Rücksicht auf andere und der Achtsamkeit, die hier in besonderem Maße gefordert ist, damit das Bild des anderen nicht durcheinander gebracht wird, viele andere Bereiche gefördert werden, die Grundlage für eine gute Gemeinschaft sind. Die Kinder lernen sich zu beschränken, sich abzugrenzen und zu arrangieren. Sie müssen sich nicht nur konzentrieren, sondern auch kommunizieren.

Das Besondere an Legebildern ist: sie sind nicht „haltbar“. Niemand wird so viel Platz auf dem Boden haben, dass er eine solche Gestaltung länger als ein paar Tage liegen lassen kann. Dann muss wieder aufgeräumt werden, und es bleibt nichts übrig außer einer Kiste mit Material und vielleicht einem Foto als Erinnerung. Eine außergewöhnliche Übung im Loslassen!
Vielleicht bleibt aber auch die Erfahrung, dass die Freude am Tun und das Erleben eines gemeinsamen Festes wertvoller sind als Gegenstände, die man besitzt.

Ein „Lernfeld“ ist der Umgang mit dem Material. Je nachdem, wie es am Anfang an die Kinder verteilt wird, liegt der Schwerpunkt auf unterschiedlichen Lernzielen. Der Erwachsene, der seine Gruppe gut kennt, wird hier bewusst in eine bestimmt Richtung steuern.

- Jedes Kind bekommt ein Körbchen oder Schälchen und sucht sich sein Material selbst aus. Übersichtlich, ansprechend und gut erreichbar ist alles am Rand des Raumes auf dem Boden oder einem Tisch bereitgestellt. Sucht ein Kind nur die „schönsten" Dinge aus, (goldene Kugeln und Bänder sind zum Beispiel sehr beliebt!), wird es schnell für Unmut und Protest bei den anderen sorgen. Sich selbst beschränken, anderen genügend übriglassen und damit Rücksicht nehmen sind hier die Fähigkeiten, die unterstützt vom Erwachsenen, gelernt werden sollten.
- Jedes Kind bekommt ein Körbchen mit nur einem Material. Jeder darf mit jedem tauschen. Allerdings muss es auch akzeptiert werden, wenn einer das verweigert und mit seinem einen Material zufrieden ist.
- Jedes Kind bekommt ein Körbchen mit verschiedenem Material, wobei nicht alle Körbchen gleich bestückt sein müssen. Es darf sich nach und nach zusätzliches Material aus den Vorratskörbchen am Rand holen, wobei die Anzahl pro „Nachschub sammeln" jeweils beschränkt ist, damit niemand „leer räumt". Bei besonders „gierigen" Kindern werden die beliebtesten Dinge (aus Gold, Edelstein, Glitzer usw.) erst ganz zum Schluss verteilt, bzw. zum Aussuchen bereitgestellt.

Als Erwachsener finde ich es spannend zu beobachten, wie die Eigenart jeden Kindes im Umgang mit dem Material deutlich wird:

- Da gibt es den Ungeduldigen und gleichzeitig Maßlosen, der sehr schnell fertig ist und sein noch nicht verwendetes Material einfach zu seinem Bild dazuschüttet.
- Es gibt das Kind, das mit unendlicher Geduld ständig weiterarbeitet und kaum ein Ende findet.
- Es gibt den, der eine klare, fast minimalistische Darstellung bevorzugt („weniger ist mehr") – und den, der am liebsten das gesamte Material verarbeiten würde, da ihm sein Bild nie schön genug und fertig erscheint.
- Es gibt auch den, der seine fertige Gestaltung zerstört, oft sogar mehrmals, um immer wieder neu anzufangen.

- Es gibt den, der versunken in sein Eigenes ist – und den, der ständig zu seinem Nachbarn schaut und nach Möglichkeit das gleiche fertig bringen will.

So kann man bei der Beobachtung der Kinder viel über ihre Persönlichkeit erfahren und dies für die individuelle Förderung und die Prozesse in der Gruppe nützen.

Sternenhimmel

Der Sternenhimmel ist im Kapitel „Gemeinsam durch das Jahr“ auf Seite 36 ausführlich beschrieben.

Erntedank

Auf einem Tuch in der Mitte stehen z. B. eine große Kerze, eine Vase mit Blumen und eine Schale mit Korn. Auch Ähren können dazugelegt werden. Obst und Feldfrüchte, möglichst nur die Dinge, die bei uns wachsen, ergänzen die Mitte. Vielleicht legen wir auch ein Brot dazu. Gelbe Bänder oder Papierstreifen, die von der Mitte zu den Gestaltungen der Kinder führen, sollen an Sonnenstrahlen erinnern. Die Kinder dürfen frei gestalten. Es wird jedoch angeregt, nach Möglichkeit etwas, was wächst, darzustellen: Blumen, Bäume, Früchte usw. Bei einer kleinen Erntedankfeier singen wir und teilen das Brot.
Genauso kann aber auch ein großes buntes Bild mit Herbstblättern, Kastanien und anderen Gaben entstehen.

Tipp

Anregungen und Lieder für eine Erntedankfeier, aber auch für Ostern und ein Dankefest, finden Sie im Buch: Ingrid Gnettner, Das Ritualebuch für kleine Kinder, Don Bosco Verlag 2012.

Danke-Bild

Vielleicht haben wir einen besonderen Grund, dankbar zu sein: nach einer langen Regenzeit scheint das erste Mal wieder die Sonne; jemand, der länger krank war, ist wieder bei uns; ein Kind unserer Gruppe hat ein Geschwisterchen bekommen. Vielleicht wollen wir uns aber auch nur bewusst machen, dass es an einem ganz normalen Tag viele Gründe gibt, um dankbar zu sein.
In die Mitte stellen wir eine Kerze und Blumen. Die Gestaltung der Kinder ist frei. Die einzelnen Bilder müssen nicht das ausdrücken, was das Kind vielleicht später erzählt. Dankbarkeit ist ein Gefühl der Freude, und so dürfen die Bilder einfach nur bunt und fröhlich sein.
Wenn unser Werk fertig ist, betrachten wir es und singen im Kreis ein Danke-Lied. Jedes Kind bekommt einen Kieselstein oder Halbedelstein. Reihum legt jeder seinen Stein zu seinem eigenen Bild und sagt dazu, wenn er möchte, wofür er dankbar ist oder worüber er sich freut.

Ostern

Aus braunen Tüchern wird in der Mitte ein Kreuz gelegt. Auf seine Mitte wird eine große weiße Kerze gestellt. In die vier entstandenen Felder kommen ein kleiner Blumenstock oder eine Vase mit Frühlingsblumen, ein Brotlaib oder ein Osterzopf, eine Schale mit bunten Eiern und eine Schale mit Weizenkörnern. Haben wir sie vorher einige Tage keimen lassen, dann können wir sie später auch essen. Die Kinder meiner Gruppe mögen sie sehr!
Die Bildgestaltung der Kinder ist frei. In der Mitte ihres Platzes liegt jeweils eine grüne Pappscheibe, auf die später ein Teelicht gestellt wird.
Je nachdem, ob die Kinder mit der christlichen Ostergeschichte vertraut sind oder nicht, wird in einem Gespräch im Kreis auf die Auferstehung Jesu oder nur auf das Erwachen neuen Lebens in der Frühlingszeit eingegangen.
Der Erwachsene zündet die große Kerze in der Mitte an und gibt den Kindern der Reihe nach ein daran entzündetes Teelicht in einem Glas. Die Kinder stellen einer nach dem anderen dieses Licht auf die grüne Pappscheibe in ihrem Bild. Wenn sie möchten, sagen sie dazu, worüber sie sich gerade ganz besonders freuen. Bei kleineren oder ängstlichen Kindern hilft der Erwachsene beim Hinstellen des Teelichts. Danach teilen wir das Brot oder den Zopf. Die bunten Eier werden den Kindern zum Schluss mit nach Hause gegeben.

Naturmandala

Bei einem Ausflug in den Wald können wir auf einem ebenen Stück Boden ein Bild aus Naturmaterial gestalten. Wir sammeln alles, was uns die Jahreszeit gerade schenkt. Dass wir dabei achtsam vorgehen, sollte selbstverständlich sein (siehe auch: *Fundsachen-Collage* Seite 33ff.). Neben verschiedenen Pflanzen eignen sich auch Steine und leere Schneckenhäuser ebenso wie Zapfen, Stöckchen, Rindenstücke und vieles mehr.

Es kann sein, dass wir den Boden erst mit Reisig sauber fegen müssen, bevor wir mit unserem Bild anfangen können. Danach überlegen wir, welches besondere Fundstück in die Mitte kommen soll.
Wir ordnen das andere Material von innen nach außen an, entweder gemeinsam und sozusagen Hand in Hand, oder jedes Kind gestaltet ein Kreissegment, das vorher durch Aststücke abgeteilt worden ist.
Um die fertige Gestaltung können wir einen Kreis aus Steinen oder Zapfen legen. Unser Bild wird sich bestimmt bald verändern, auch wenn kein Mensch in seine Nähe kommen sollte. Pflanzen werden vertrocknen, verfaulen oder von kleinen Tieren gefressen werden. Vielleicht können andere Tiere das eine oder andere zum Nestbau gebrauchen?

Zum Schluss

In einer Gemeinschaft finde ich
Ergänzung und Bereicherung
Anregung und Ermutigung

Ich erhalte Impulse
und lerne andere
Sichtweisen kennen

Ich erlebe Kritik
Konfrontation
und Ablehnung

Ich bekomme
Hilfe
Unterstützung
und Anerkennung

Ich spüre
Freude
und Unsicherheit

Ich entwickle
Selbstbewusstsein
und Verantwortung
für mich und andere

Gemeinschaft ist
anstrengend
weil ich nicht der einzige bin
der „Ich“ sagt

Ich muss Grenzen akzeptieren
und darf mich abgrenzen
ich muss dem Anderen Raum geben
und mich selbst beschränken

Ich bin als Einzelner wichtig
und gleichzeitig Teil eines Größeren

Gute Gemeinschaft bedeutet:
Das „Ich“ und das „Wir“ in der Waage halten
unterstützen dass jedes „Ich“ das „Wir“ stärkt
und die vielen Gelegenheiten nützen
bei denen das „Wir“ das einzelne „Ich“
in seiner Entwicklung fördern kann

„Schläft Gott?“

Dies ist zum einen eine klassische Kinderfrage zum Thema: Ist Gott so wie ein Mensch? Wo wohnt er? Fährt er auch U-Bahn? Was isst er? Was trinkt er? (siehe auch die Erläuterung zur Frage „Warum kann man Gott nicht sehen, wenn er doch da ist?“, S. 34) Die Frage kann aber, je nach Fragehaltung des Kindes, auch eine Frage nach der Allmacht Gottes sein – denn, wenn er schläft, kann er mir ja nicht helfen.

Er schläft und er schlummert nicht, der die Menschen behütet.
(nach Psalm 121,4)

Praxisimpuls

Gott ist immer da – Mose am Dornbusch *(Exodus/2. Mose 2–3)* – Erzählgeschichte mit Figuren

Material

Figur für den Mose, (Holz-)Tiere (z. B. Schafe und Ziegen), schwere Steine für die Arbeit der Israeliten, Dornen, eine Kerze, eine Klangschale, Materialien für die Gestaltung einer Wüstenlandschaft; zur Vertiefung: eine bildnerische Darstellung (z. B.) aus einer Kinderbibel von Mose am Dornbusch.
Zur Gestaltung wird während der Erzählgeschichte eine Landschaft aufgebaut:

Ägypten
(Steine)

Dornbusch
(Kerze, Wüstenlandschaft)

Mose und Schafe

Die Erzieherin leitet ein: „Ich will euch eine Geschichte aus der Bibel erzählen – da hat ein Mann erfahren: Gott schläft nie, er ist immer da.“ Dann folgt die Bibelgeschichte von Mose am Dornbusch.

Erzählvorschlag[20]

Ich erzähle euch eine Geschichte von Mose. Von Mose gibt es viele Geschichten, vielleicht kennt ihr schon eine. Mose gehört zum Volk Israel, so wie Jesus. Aber die Geschichte spielt lange bevor Jesus geboren war. Damals war das Volk Israel lange in einem fremden Land, in Ägypten.	*Die Figur zeigen, mit der Figur im Kreis herumgehen.*
Dort mussten die Menschen für den König hart arbeiten: schwere Steine schleppen, große Gebäude bauen. Es ging ihnen sehr schlecht. Die Menschen fühlten sich ganz klein. Sie hatten nur noch wenig Kraft.	*Schwere Steine werden im Kreis herumgegeben. Dann legen wir sie im Stuhlkreis ab.*
Mose wollte gegen den fremden König kämpfen, aber er hatte Angst. Da floh er in die Wüste. Dort hütete er Schafe und Ziegen. Mose war jetzt ein Hirte.	*Die Figur auf die andere Seite der Steine hinstellen, die Kinder stellen Schafe und Ziegen dazu.*

Weitere Titel von Ingrid Gnettner für Krippe, Kita und Eltern-Kind-Gruppen

96 Seiten, farbige Illustrationen,
inkl. Musik-CD
ISBN 978-3-7698-1975-5

112 Seiten, farbige Illustrationen
ISBN 978-3-7698-1950-2

96 Seiten, farbige Illustrationen
ISBN 978-3-7698-1905-2

96 Seiten, farbige Illustrationen
ISBN 978-3-7698-1855-0

96 Seiten, farbige Illustrationen,
inkl. Musik-CD
ISBN 978-3-7698-1880-2

96 Seiten, farbige Illustrationen
ISBN 978-3-7698-1840-6

www.donbosco-medien.de